Rolf Geißler

Arbeit am literarischen Kanon

Perspektiven der Bürgerlichkeit

Ferdinand Schöningh
Paderborn · München · Wien · Zürich

CIP-Kurztitelaufnahme der Deutschen Bibliothek

Geissler, Rolf:
Arbeit am literarischen Kanon: Perspektiven d.
Bürgerlichkeit / Rolf Geissler. — Paderborn;
München; Wien; Zürich: Schöningh, 1982.
ISBN 3-506-73115-7

Printed in Germany

Satz: Wasmuth, Paderborn

Herstellung: Ferdinand Schöningh, Paderborn

ISBN 3-506-73115-7

Inhalt

Für Georg und Martin

Zur Einführung: Überlegungen zur Kanondiskussion

Man spricht wieder über einen literarischen Kanon. Vielleicht spricht man sogar schon wieder zu viel darüber, so daß sich das Thema oder besser die Sache, um die es dabei geht, schon wieder verschleißt. Vielleicht begibt sich auch mit der Diskussion um den Kanon das, was mit vielen bildungspolitischen und didaktischen Themen in den letzten Jahrzehnten geschah: sie tauchen auf, sind in aller Munde, werden teilweise per Erlaß verwirklicht, richten Wirkungen an, die nicht beabsichtigt waren, und verschwinden dann ebenso unerklärlich, wie sie gekommen sind, eine Spur unverständlicher Konzeptionsruinen hinterlassend. Kurz: vielleicht ist auch dies gegenwärtige Thema nur eine Mode.

Das Modische steht im Gegensatz zum Denken. Und sicher herrscht heute im Bildungssektor auch deswegen das Modische vor, weil wir seit der Kritik am Humboldtschen Bildungsdenken und seiner Eliminierung keine neue überzeugende pädagogische Denkkonzeption mit breiter Verbindlichkeit entwickelt haben. Wenn hier also über einen Kanon im Literaturunterricht nachgedacht werden soll, dann heißt das zugleich, daß der Versuch gewagt werden muß, über das Opportune und Modische hinaus die Sache zu denken, die mit ihm gemeint ist. Das aber wiederum heißt zunächst, den Grund für das nur Modische in unserem Bildungsdenken zu begreifen.

Den zentralen Grund für das Modische im bildungspolitischen und didaktischen Denken sehe ich in dessen Geschichts- und Traditionslosigkeit. Das Modische zeigt sich als eine Reaktion auf eine jeweils gegebene Situation, eine Reaktion auf Bedingungen, deren Herkunft und mögliche Folgen nicht bedacht werden. Es insistiert auf den Gegebenheiten der Gegenwart, ohne diese selbst nach ihrem Sinn zu befragen. „Die Situation ist da", wie gedankenschwach die Politiker zu sagen pflegen. Und die Situationen produzieren Reaktionsvorstellungen, die gleichsam ins Blaue hinein Wünschen und Erwartungen entsprechen, aber nicht immer, ja meistens nicht der Wirklichkeit gerecht werden. Solche Vorstellungen heben dann oft gerade um so deutlicher von der Wirklichkeit ab, je mehr sie verändern wollen. Und dem Trend der Zeit folgend, der allerdings jetzt zu Ende geht, scheint auch auf dem bildungspolitischen Gebiet jede Bewußtseinsvorstellung machbar. Auswirkungen und Folgen dieser Vorstellungen in der konkreten Wirklichkeit, die ja ihr eigenes Bedingungsgefüge hat, werden nicht in den Blick gefaßt, sondern verdeckt.

Möglich ist dies, weil die jeweils unbehaglichen, kritikwürdigen Zustände nicht wirklich analysiert werden, was immer auch hieße, ihr Herkommen, ihre Eigenart und ihre Perspektiven zu denken. Vielmehr wird der Unbehaglichkeit der Realität – sagen wir der gymnasialen Oberstufe vor der Reform – eine Konstruktion gegenübergestellt, die formale Rationalität mit Wunschvorstellungen in Einklang bringt, ohne deren konkrete Auswirkungen zu berücksichtigen.

Die Grundstruktur, die in solchen Moden sichtbar wird, ist die eines ungeschichtlichen Denkens, das aber selbst wiederum aus geschichtlichen Bedingungen begriffen werden kann. Den weltweit technokratischen Lösungsmechanismen, die sich ja selbst für ungeschichtlich halten, korrespondiert in Deutschland eine besondere Geschichtsproblematik, die ein Verhängnis zu sein scheint, wenn wir sie nicht eigens thematisieren. Unsere deutsche Geschichte ist uns selbst äußerst fragwürdig geworden, und es ist verständlich, daß man sich lieber aus ihr wegstehlen als an ihr anknüpfen will. Welche Überlieferungen sollen weitergetragen werden, welchen Wirkungssträngen soll man sich anschließen? Die dominanten Züge unserer politischen Geschichte sind vor allem seit der Reichsgründung negativ besetzt: Wilhelminischer Obrigkeitsstaat, eine schwache, nicht wirklich gewollte Republik, Nationalsozialismus, dazu zwei verlorene Weltkriege. Die vielfältigen Anregungen, an demokratische Traditionen anzuknüpfen, können nur partielle Wirkung haben. Unsere Geschichte selbst hat sie ins zweite Glied gestellt. Eine Zeit, die sich nur am Erfolg bestätigt, kann hier nicht eigentlich Wurzel schlagen.

Diese Situation fördert ein Denken, das nur zu gern die Auseinandersetzung mit der Geschichte kappt und immer wieder meint, man könne mit dem Denken beim Nullpunkt beginnen. Aber geschichtlich gibt es keine Stunde Null. So, wie das gesamtpolitisch 1945 nicht der Fall war, sondern eine wunschbesessene Täuschung jener, die ein besseres Deutschland wollten, so ist generell jedes Denken im sozio-kulturellen Bereich falsch, das von einem Nullpunkt ausgeht. Es ist auch falsch, wenn eine formale Rationalität Vernünftigkeit auf der Nullposition suggeriert, wie oben am Auseinanderklaffen von Vorstellungskonstrukten und Wirklichkeit dargetan wurde. Wir stehen in geschichtlichen Zusammenhängen, ob wir wollen oder nicht, in Wirkungsbezügen – was etwas anderes ist, als die objektivierte Wirkungsgeschichte –, die zwar zu korrigieren, aber nicht einfach zu negieren sind: denn sie holen uns gerade dann ein, wenn wir sie nicht wahrnehmen wollen, sondern verdrängen. Besonders fatal ist ein Denken vom Nullpunkt aus in der Bildungspolitik, die ja wesensnotwendig immer von der Generationenfolge mitgeprägt ist.

Aber woher bekommen diese Vorstellungen ihre Überzeugungskraft, daß sie zur öffentlichen Meinung und dann auch zur Grundlage gesetzgeberischer Akte werden? Worin haben die nur modischen Argumente ihren Halt? Woraus beziehen sie ihren scheinbaren Wahrheitsanspruch? Dafür gibt es vor allem zwei Gründe. Der erste liegt im Wunschcharakter der Vorstellungen selbst, der natürlich solche Tendenzen und Maßnahmen formuliert, gegen deren Zielsetzung eigentlich nichts einzuwenden ist und die daher durchaus konsensfähig sind. Über nichts läßt sich leichter Einigung erzielen als über Wunschvorstellungen, was – wenn es zu sagen gestattet ist, ohne falsche Assoziationen zu wecken – etwa die propagandistischen Erfolge Hitlers erklärt. Die formal-rationale Argumentation wendet sich an Sehnsüchte und Hoffnungen und gaukelt deren schnelle Erfüllung vor. Sie läßt sich gerade nicht in die Konkretionen ein, bedenkt nicht die Wege und Auswirkungen, sondern überspringt sie. Der zweite liegt darin, daß es in jedem gesellschaftlichen Zustand einen durch diesen Zustand selbst aufgebauten Plausibilitätsrahmen gibt, der Gedachtes absichert und prägt und ganz bestimmte Lösungsmuster nahelegt. Die Argumente holen dann nicht ihren Wahrheitsgehalt vornehmlich aus der Sache, sondern aus diesen vorgegebenen und herrschenden Plausibilitäten. Sie tragen ihren Wahrheitsgehalt von außen an die Sachen heran, basieren auf synchroner Begründung und nicht auf geschichtlicher.

Eine dieser Plausibilitäten ist das Argument der formalen Gleichheit. Es führte z. B. zum gleichen Raster in Stundenzahl und Bewertung der Fächer bei der Oberstufenreform, ohne deren qualitative Unterschiede hinsichtlich der Bedeutung, aber auch des Arbeitsbedarfs zu berücksichtigen. Und wenn das heute in den einzelnen Ländern korrigiert wird, dann doch ohne die Erkenntnis, daß das ganze Lösungsprinzip falsch war. Man macht eben halt Kurskorrekturen. Auf der anderen Seite führt der Gleichheitsgedanke zur Verkennung der realen Schulsituation, in der Erfolg und Mißerfolg, aber vor allem die Qualität des Gelernten von der jeweiligen Lehrerpersönlichkeit mit abhängt. Es wird eben immer – Richtlinien hin, Erlasse her – einen Unterschied ausmachen, ob Herr oder Frau X oder Herr oder Frau Y einen bestimmten Text behandeln.

Ein anderes vorherrschendes plausibles Lösungsmodell für alle möglichen Probleme war in den 60er und 70er Jahren die Ausweitung des Gegenstandes und die Vergrößerung des Bezugsrahmens. Aber gigantomanische Lösungen beheben die Probleme nicht, sondern verdecken sie nur durch Unüberschaubarkeit der Elemente. Sie sind Scheinlösungen und sind überall dort am Werke, wo nur an den Organisationsformen gebastelt wird, nicht aber die Inhalte bedacht werden.

In unserem eigenen Fach haben wir uns so aus der Krise der Literaturwissenschaft und ihrer Didaktik herausmanövriert. Wir haben den Literaturbegriff bis ins Konturlose erweitert, haben flugs alles zu Texten erklärt und waren die leidigen Probleme der Auswahl für Studium und Unterricht ledig. Ob Jerry Cotton oder Wallenstein, ob Werbespots oder Naturlyrik – wie sollte in dieser Überfülle von Textmöglichkeiten bildende Kontur entstehen?

Damit will ich nicht sagen, daß eine Ausweitung des Literaturbegriffs an sich falsch sei, er sollte aber einhergehen mit neuen – auch geschichtlichen – Gliederungsanstrengungen, die mehr leisten müßten als die formalistischen Textsortenraster. Jedenfalls scheint es mir, als sei es diese Situation der Beliebigkeit, der Überfülle und der quantitativen Überforderung, die einerseits zu Unsicherheit und Lähmung, andererseits zum Ruf nach Kanon und Werten führt. Beide sollen auf je andere Weise dem Literaturunterricht wieder ein Sinnzentrum und damit der Arbeit neue Motivation geben. Aber eben weil beide Begriffe nur wieder aus der beschriebenen Situation aufzukommen scheinen, sollte man skeptisch sein. Zu schnell könnten sie sich ebenfalls wieder nur als eine Mode entpuppen, vielleicht als restaurative Mode. Was heißt das, von Kanon und Werten zu reden? Was leisten sie? Und was heißt es, heute unter unseren konkreten geschichtlichen Bedingungen von beiden zu sprechen? Solche Fragen bleiben meist unbedacht.

Der vordergründige Nutzen solcher Begriffe liegt in Zeiten allgemeiner Unsicherheit auf der Hand. Er ist plausibel. Mit dem Kanon werden wir wieder auf die Geschichte verwiesen. In ihm formuliert sich unser Verhältnis zum Herkommen. Er widersteht also allem Denken vom Nullpunkt aus. Einen Kanon des Augenblicks kann es nicht geben. Was sich nur aktuell kanonisch geriert – wir haben die Fälle Bergengruen und Borchert – zeigt sich nach einigen Jahren ebenfalls als Mode. Der Kanon verweist vielmehr tiefer in die Geschichte hinein. Aber beschert er uns damit nicht einen Literaturunterricht der 50er Jahre? Sind wir bei der jetzt aufkommenden Kanon-Mode nicht in Gefahr, in einen wirklich zu kritisierenden restaurativen Literaturunterricht zurückzufallen?

Und die Werte? Sie sollen dem Unterricht Sinn geben, ihn aus der Überflüssigkeit, zu der er weithin verkommen ist, herausführen. Aber welche Werte sollen es sein, und wie sind sie zu vermitteln?

Fragen wir zunächst, was mit dem Wort Kanon begriffen wird. Wie entsteht ein Kanon? Was leistet er? Welche Funktion hat er? Am geschichtlichen Beispiel des biblischen Kanons des Alten und Neuen Testaments lassen sich leicht einige Grundzüge aufzeigen. Kanon meint da eine Sammlung von Texten und Zeugnissen, die in besonders exemplarischer Weise Glaubensinhalte und Anweisungen für ein gottgefälliges Leben enthalten. Kanon zielt auf Normen. Er ist Auswahl aus einer größeren Überlieferungsfülle zu dem Zweck, nur das Verbindliche und Zuverlässige für die Erkenntnis der Wege und des Willens Gottes, aber damit zugleich auch das unbedingt Notwendige für religiöse Unterweisung aufzubewahren.

Im Kanon geht es immer um die Reinheit einer Lehre. Seine Texte gelten als unantastbar, als Formulierungen von Gottes Gebot, als Dogmata. So werden denn auch im Kanon alle literarischen Überlieferungen ausgeschieden, die nur erbaulichen Charakter haben.

Es ist nun interessant zu sehen, wie sich sowohl im Alten Testament als auch im Neuen Testament der Kanon relativ spät ausbildet, wie seinem Abschluß Jahrhunderte der Kanondiskussion und -arbeit vorausgehen. Der alttestamentliche Kanon ist erst nach dem Jüdischen Krieg und nach der Zerstörung des Tempels, also rund 70 n. Chr. so abgeschlossen, wie wir ihn heute kennen. Er findet seine endgültige Formulierung daher erst zu einem Zeitpunkt, als die geschlossene jüdische Glaubensgemeinschaft aufgebrochen wurde und ihre Diaspora begann. Aber gerade für diese folgenden 1900 Jahre zeigt er seine einigende Kraft und seinen fundamentalen Charakter für den jüdischen Glauben in aller Welt.

Und auch der Kanon des Neuen Testaments entsteht erst durch einen langen, mit dogmatischen Streitigkeiten durchsetzten Ausleseprozeß, und zwar zu einer Zeit, als die Augenzeugenberichte und die Überlieferungen der Apostel in ihrer Unmittelbarkeit verblaßten, also im Laufe des zweiten Jahrhunderts. Erst im vierten Jahrhundert ist die Kanonbildung annähernd zu ihrem heute noch gültigen Abschluß gelangt. Auch dieser neutestamentliche Kanon sammelt die verbürgten Zeugnisse und die Schriften, die am reinsten die christliche Lehre vermitteln, eben die Heiligen Schriften. Und wie sehr sich im Kanon ein dogmatisches Lehrgebäude formuliert, zeigt sich in der Reformation, als Luther auf der Grundlage des paulinischen Denkens die rechtmäßige Aufnahme des Hebräerbriefes, der Briefe des Jakobus und des Judas und die Apokalypse in Zweifel zog.

Zwei Erkenntnisse sind aus diesen Beobachtungen zu gewinnen: 1. Der Kanon steht am Ende einer Phase ungefährdeter, lebendig erfahrener Überlieferung, am Ende einer durch unmittelbare Zeitgenossenschaft geprägten geschichtlichen Epoche. Er formuliert den Abschluß einer geistigen Auseinandersetzung. 2. Gerade deswegen hat der Kanon dogmatischen und normativen Charakter. Er schafft Verläßlichkeit über geschichtliche Ereignisse und Glaubenserfahrungen, die nicht mehr selbst erlebt oder etwa durch das Miterleben von Aposteln versichert werden konnten. So stiftet der Kanon eine vermittelte Zeugenschaft. Er ermöglicht die reine Erhaltung sich geschichtlich ereignender Wahrheit, er gibt dem Zeitlichen Dauer. Und diese ständige Präsenz im Wort kann auch bei Religionen gar nicht anders sein, denen es ja um letzte, die Geschichte transzendierende Wahrheiten geht.

Wie sieht dagegen ein literarischer Kanon aus? Was geschieht bei einer Kanonbildung im geschichtlichen Raum mit Texten, die bei aller ästhetischen Dauer doch nur eine bedingte Gültigkeit fordern können? Der literarische Kanon des Bildungsbürgertums am Ende des 19. Jahrhunderts gibt da interessante Einsichten. Ihm müssen wir uns vorerst zuwenden, da er ja auch für die gegenwärtige Kanondiskussion das Vorbild, ja den Anknüpfungspunkt darstellt. Zunächst können wir auch für diesen literarischen Kanon die beiden Grundzüge feststellen, die wir eben skizziert haben. Er steht einmal am Ende und Ausgang unserer klassisch-romantischen Literaturepoche, zum anderen dogmatisiert er deren ästhetische Prinzipien. Er tradiert eine Geistes- und Denkhaltung als vorbildhaft und überzeitlich, deren geschichtliche Entstehungsbedingungen selbst schon obsolet geworden sind.

Damit scheint die innere Problematik einer literarischen Kanonbildung im geschichtlichen Raum evident. Sie erweist sich als retardierend, ja als restaurativ. Sie hält ästhetische Formen verbindlich, die eine sich verändernde Wirklichkeit nicht mehr zu fassen vermögen. Sie bestärkt Gestaltungsweisen, deren Durchführungen die neuen Gegebenheiten nicht zur Erkenntnis bringen, sondern vielfach verfälschen. Die Reihe der epigonalen Literatur und der sich vermehrenden trivialen legt von dieser Art Zeugnis ab. Aber man kann das auch an der Literatur des poetischen Realismus in der zweiten Hälfte des 19. Jahrhunderts studieren, wie hier etwa ein Mann wie Spielhagen durch sein Festhalten am klassischen Bildungsromanschema die neue Wirklichkeit verfehlt. Unter die Darstellungsformen der klassischen Ästhetik gezwungen, verbirgt die so dargestellte Wirklichkeit die in ihr liegenden neuen Tendenzen. Die weitgehende Provinzialität der deutschen realistischen Literatur, die zwar die seelische Verfaßtheit der Personen, nicht aber die technisch-sozialen Umwälzungen zureichend darstellt, wird daraus erklärbar.

Gleichwohl kann man mit diesen formalen Argumenten allein eine Kanonbildung nicht ablehnen. Sie hat neben dieser indirekten eben auch eine direktere gesellschaftliche Funktion. Nicht nur, daß ein Kanon die Funktion literarischer Auslese in der immer größeren Flut der literarischen Erzeugnisse hat, wobei die literarische Kritik sozusagen als eine Kanonbildung in Permanenz fungiert, nicht nur, daß er den Zugang zur vergangenen Literatur dem Lernenden bahnt und erst so ein sinnvolles Lernen und eine spätere Kommunikation durch gemeinsame Anknüpfungspunkte ermöglicht, nein, schon seine Bildung selbst scheint von gesellschaftlichen Zwecken und Zielsetzungen mitbestimmt zu sein. Der bildungsbürgerliche Kanon ist ja keine literarische Mustersammlung für Schriftsteller und Philologen, wie es die antiken Vorbilder zu gewissen Zeiten für das nachantike Latein waren, vielmehr bestand seine gesellschaftliche Funktion darin, über die bürgerliche Literatur in den bürgerlichen Gesellschaftszustand einzuführen und diesen Zustand zu bejahen. Der literarische Bildungskanon war affirmativ.

Aber wie konnte ein literarischer Kanon dieses leisten? Warum wurde gerade der ästhetische Bereich zur Initiation und Stabilisierung der bürgerlichen Verhältnisse benutzt? Die bürgerliche Literatur ist von ihren Anfängen an zwiespältig. Sie ist vom Krisenbewußtsein durchdrungen und unternimmt zugleich den Versuch seiner Überwindung. Sie kritisiert nicht nur die feudalistischen Zustände, sondern auch die aufkommenden kapitalistischen Sozial- und Wirtschaftsformen. Zugleich aber ist sie ein unverzichtbarer Bestandteil dieser Entwicklung selbst. Wie geht das zusammen? In Schillers Schrift „Über die ästhetische Erziehung des Menschen" von 1793/94 wird das hier angesprochene Phänomen des Zwiespalts besonders deutlich thematisiert. Schiller erkennt in der bürgerlichen Gesellschaft, daß sich Individuelles und Gattungsmäßiges im Menschsein voneinander trennen. Das einzelne Individuum repräsentiert nicht mehr wie bei den Griechen das Ganze der Gattung, vielmehr hat die Arbeitsteilung den einheitlichen Lebensbereich dieser Gattung zerstückelt. Die Einheit des Wesens ist zerfallen und nur noch als Idee der Vernunft erfahrbar.

Dieser so beschriebene Vorgang ist aber an sich selbst ebenfalls wieder zweideutig, hat er doch neben der Reduzierung des einzelnen konkreten Lebens zugleich den Fortschritt der Gattung gebracht. In dieser Welt sieht sich der einzelne Mensch unterschiedlichen Kräften ausgesetzt: einmal den Bedürfnissen der Natur, andererseits den Gesetzen der Sittlichkeit und des Staates, also der Einheitsidee der Gattung Mensch. Zwischen beiden, die einerseits zur Anarchie, andererseits zur Totalität führen können, hat er seinen Platz neu zu bestimmen. Für Schiller geht es in dieser Situation darum, daß der einzelne Mensch nicht von einer der beiden Seiten beherrscht wird, sondern den Weg zur Idee und Gattung aus sich selbst heraus wählt und geht. D. h., daß sich der konkrete Mensch zum Menschsein der Idee selbst „veredeln" muß. Und diese Veredelung des menschlichen Charakters, dieser dritte Charakter, wie ihn Schiller nennt, wird durch die ästhetische Erziehung gebildet.

Wie also die Welt gespalten ist, so ist es auch der Mensch. Und bevor die Welt zur neuen Einheit geführt werden kann, muß der Bruch im menschlichen Wesen selbst überwunden werden. Der besteht nach Schiller einerseits im unvergänglichen Personensein und andererseits in seiner zeitlichen Zuständlichkeit. In der Zeit lebend, ragt er doch auch aus der Zeit heraus. Der Künstler ist derjenige, der sich diese doppelte Seinsweise zunutze macht und in seinem Schaffen sich als Kind seiner Zeit von dieser Zeit befreit, um gerade die Verhältnisse seiner Zeit zu bessern. Der Gespaltenheit des Menschen in Person und Zustand entsprechen dann die Widersprüche von Freiheit und Zeitlichkeit, Vernunft und Sinnlichkeit, Form und Stoff. Die Überwindung dieser Widersprüche wird ermöglicht, wenn im Menschen beide Seiten vereinigt werden, wenn Form- und Stofftrieb, wie Schiller sie nennt, sich gegenseitig begründen und durchdringen.

Diese Einheit des Menschen wird in der bürgerlichen Gesellschaft nur im ästhetischen Bereich ermöglicht. Die Kultur im engeren Sinne muß daher beiden Trieben ihr Recht sichern und beide gleichermaßen ausbilden. Ein Trieb begründet die Wirksamkeit des anderen. Einer allein würde den Menschen zerstören, er würde entweder die Individualität oder die Gattungseinheit vernichten. Die Vereinigung beider findet Schiller im Spieltrieb. In ihm empfängt der Mensch, wie er hervorgebracht hätte und bringt hervor, wie er empfangen hätte, Form und Stoff ergänzen sich wechselseitig. Spiel oder ästhetischer Zustand versetzen das menschliche Gemüt in eine Mitte zwischen Gesetz und Bedürfnis. Jeder Trieb allein zeigt seinen Ernst, weil er bestimmend in die Wirklichkeit einwirkt. In der gegenseitigen ästhetischen Korrelation aber verlieren sie ihren Ernst und werden aufgehoben im Spiel. So stellt das Ästhetische das Gleichgewicht her, hebt die Spaltung im Menschen auf, aber eben nur im Spiel, ohne gesellschaftlichen Ernst und direkte Auswirkung. Allerdings hofft Schiller und mit ihm die bürgerlichen Bildungsdenker, daß der so veredelte und mit sich einige Charakter der Weltentwicklung die Richtung zum Guten geben werde.

Hier erliegt die Ästhetik ihrem idealistischen Grundansatz. Denn wie aus Spiel ein Ernst zum Guten werden kann, das bleibt ungeklärt, und ebenso ungeklärt bleibt, wie aus dem persönlichen Ausgleich gesellschaftliche Aktivitäten und gesellschaftlicher Ausgleich erwachsen können. Die geschichtliche Entwicklung zeigt jedenfalls, daß die politische Einflußnahme der ästhetischen Persönlichkeit immer geringer wurde. Es blieb bei einer literarischen Kritik der Wirklichkeitsentwicklung und einer ästhetisch verursachten seelischen Kompensation. Die Erfahrung der Einheit des Menschen, die Verbindung von Individualität und Humanität, blieb ästhetisch und damit politisch weithin unwirksam. Sie führte zur Flucht nach innen und zu immer neuer Rettung dieser Erfahrung wenigstens im Bereich der Kunst. Zugleich aber – und das wird von den vorschnellen Ideologiekritikern immer wieder verkannt – hielt die bürgerliche Ästhetik damit die Idee – allerdings auch *nur* die Idee – eines anderen Menschseins als das in der Wirklichkeit möglichen als kritisches Potential fest. Bürgerliche Literatur blieb, ob direkt oder wie in Deutschland meist indirekt, gesellschaftskritische Literatur.

Mehr-Doppeldeutig

Der der bürgerlichen Literatur innewohnende Zug der Ambiguität wird aber erst dann voll erkannt, wenn man sieht, daß dieser Rückzug auf eine ästhetisch bestimmte Innerlichkeit in der sozio-ökonomischen Realität die Entwicklung freisetzt, ja preisgibt, so daß diese sich nach eigenen, nicht vom Menschen bestimmten, also unmenschlichen Zielen und Gesetzen entwickelt. So läuft die technisch-organisatorische Entwicklung dem menschlichen Humanitätsideal davon. Und heute mehr denn je stehen wir vor der Aufgabe, diese aus dem „Ruder gelaufene" Selbstentwicklung einholen und vom Menschen aus bestimmbar machen zu müssen.

Der bürgerliche Bildungskanon hat in dieser Gesamtentwicklung seine ganz bestimmte Funktion. Er drängt das kritische Potential und ebenfalls das humane Menschenbild der klassischen Epoche ins Ästhetische und befreit durch seine Verbindlichkeit die ökonomische Wirklichkeit vollends zu sich selbst. Die menschliche Persönlichkeit wird im Kunstwerk aufbewahrt, während sie in der Wirklichkeit vernichtet wird. „Der Weg der neueren Bildung geht / Von Humanität / Durch Nationalität / Zur Bestialität", wie Grillparzer diesen Prozeß beschreiben wird. Die bürgerliche Literatur und ästhetische Erziehung markiert also genau die für die ökonomische Entwicklung notwendige Zuständlichkeit. Sie reduziert den Widerstand gegen die technokratischen Sachzwänge, indem sie dem Menschen vorspielt, sein Menschsein in der Kultur und Kunst bewahren zu können, so aber, daß es dort im „Unernst" existiert, also der Realitätsentwicklung nicht gefährlich werden kann und zugleich das kritische Gewissen beruhigt.

Die bürgerliche Gesellschaft ist durch die Trennung ihrer Bereiche gekennzeichnet: Geschäft ist Geschäft, Krieg ist Krieg usw. Jeder Bereich unterliegt nur seinen eigenen Sachgesetzen. Menschlich sind sie nicht mehr miteinander vermittelt. Die Sphären sind getrennt und finden nurmehr in der ästhetischen Kultur ihre Einheit. Deren Blüte läßt sich geradezu begreifen durch die Konzentration aller humanen Energien auf diesen ästhetischen Bereich. Der literarische Kanon ist Ausdruck dieser Ambiguität. Er hat den Sinnanspruch der Humanität zu erfüllen – wenigstens im ästhetischen Ideal – und zugleich nicht zu stören beim ökonomisch-technischen Aufbau einer neuen Gesellschaft. Er hat das kritische Bedürfnis zu befriedigen und zugleich für die konkreten Engagements des Alltags wirkungslos zu machen. Er hat von Schiller zu reden, damit man Gerson meinen kann, wie Fontane das formuliert hat.

Verhält es sich so mit der gesellschaftlichen Funktion des bürgerlichen Literaturkanons, dann ist eigentlich schon entschieden, daß die heutigen Kanonforderungen nicht daran anknüpfen können. Die gesellschaftliche und didaktische Funktion eines literarischen Kanons muß – wenn es denn einen geben soll – neu bestimmt werden. Gleichwohl müssen die Texte dieses Kanons aus dem großen Corpus unserer klassischen bürgerlichen Literatur genommen werden. Denn eine neue Literatur, wenn vielleicht auch in Ansätzen vorhanden, ist noch nicht so weit entfaltet, daß an ihrem Ende – und ein Kanon ist, wie wir sahen, immer ein Spätling – sich von selbst ein Kanon bildet. Wie ist das möglich?

Als Ende der 60er und Anfang der 70er Jahre das Wort vom Ende der Literatur die Runde machte, war das zwar töricht, aber ein Körnchen Wahrheit war natürlich doch darin. Eine bestimmte Literatur, mit einer bestimmten ästhetischen Konzeption und einer bestimmten gesellschaftlichen Funktion war am Ende, eben die bürgerliche. Aber das auch nicht erst seit dem Zeitpunkt, zu dem kluge Ideologiekritiker das feststellten oder gar weil sie das taten, sondern eigentlich schon seit der Jahrhundertwende und dem Ersten Weltkrieg. Die Macht des bürgerlichen Bildungskanons hatte das nur verdeckt. Große moderne Autoren wie Brecht, Broch, Döblin, Musil – von Kafka ganz zu schweigen – hatten das längst erkannt. Denkt man heute über einen literarischen Kanon nach, dann heißt das, daß die Geschichtlichkeit und Überständigkeit der bürgerlichen Literaturepoche und ihrer ästhetischen Konzeption mitzudenken und daß aus dieser geschichtlichen Situation heraus seine didaktische Funktion neu zu bestimmen ist. Einen Kanon – und ich halte eine Arbeit am Kanon bildungspolitisch und didaktisch für wünschenwert – kann es heute nur geben, wenn ein gemeinsamer Konsens darüber erreicht wird, daß die Epoche der bürgerlichen Literatur vorüber ist und daß unsere große deutsche Literaturepoche – sagen wir von Lessing bis Fontane – in ihrer Geschichtlichkeit als bürgerliche begriffen werden muß.

Was soll dann aber ein solcher bürgerlicher Kanon? Hier nun blockiert eine moderne literaturwissenschaftliche Methode durch ihre Plausibilität und ihre Vereinfachungsmöglichkeit die sinnvolle Antwort und das geschichtliche Denken, nämlich die Ideologiekritik. Ihre schulgängige Spielart verhindert geradezu eine wirklich geschichtliche Auseinandersetzung mit der Vergangenheit. Wenn man ihr Verfahren vereinfacht und damit ein wenig zum Zwecke der Wahrheitseinsicht karikierend überzeichnet, dann kann man es wie folgt beschreiben. Ein inhaltlicher sozialer Tatbestand in einem literarischen Werk wird mit den heutigen sozialen Gegebenheiten oder gegenwärtigen Wunschvorstellungen verglichen, als nicht mehr gegeben erkannt und dem Verdikt preisgegeben. Das begann mit dem säenden Bauern im Lesebuch und setzte sich über die Kritik an Schillers „züchtiger Hausfrau", die „drinnen waltet", bis zu anderen grundsätzlicheren Textbewertungen fort.

Solche Art Literaturbetrachtung ist Kinderei, und zwar auch in einem strengen Sinn, der darin besteht, Kunst und Wirklichkeit auf der Basis einer Identifikationsästhetik zu verwechseln. Sie ist nur dann amüsant, wenn sie originell ist. Diese Art Kritik haben aber schon die Romantiker an der klassischen Idyllik geübt. Geschichte wird so weder begriffen noch überwunden. Auch in der Wertediskussion stehen wir heute wieder vor der Gefahr, auch nur von außen, gleichsam mit Meßlatten, literarische Beurteilungen vorzunehmen. Die Plausibilitäten unserer Urteile fördern dieses messende Verfahren, wenn wir nicht auch den Sinn und die Art von Werten neu bedenken, die in unserem Unterricht vermittelt werden sollen.

Geschichte erfassen wir auf diese Weise höchstens vordergründig. Daß sich seit Schillers „Lied von der Glocke“ die sozialen und familiären Verhältnisse geändert haben, daß unsere Landwirtschaft andere Produktionsweisen hat – um diese Einsicht zu vermitteln, bedarf es keines Literaturunterrichts und keiner kritischen Klimmzüge. Die Konsequenz aus solchem Denken wäre die Abschaffung der bürgerlichen Literatur, was ja auch teilweise der Deutschunterricht mit dem Argument besorgt hat, was obsolet ist, soll man nicht als Reisegepäck für die Zukunft mitnehmen.

So schlüssig das scheint, so falsch ist es. Und es ließe sich leicht zeigen, wie die Auffassung von Literatur als inhaltssoziologischer Spiegel und das bewertende Lesen auf der Basis von Identifikation und Vergleich selbst bürgerlichen Ursprungs sind. Denn die Geschichtlichkeit eines Werkes liegt nicht in der puren Gegebenheit soziologisch bestimmbarer Inhalte, sondern in deren Begründung, Struktur und Funktion. Ohne nun Schillers „Glocke“ erneut kanonisieren zu wollen, läßt sich an diesem bedeutenden Gedicht doch zeigen, wie ganz anders eine geschichtliche Betrachtung sein müßte. Zu fragen ist nämlich aus dem Kontext, mit welcher Notwendigkeit und warum in dieser Welt, die Schiller uns darstellt, etwa die Frau jene berüchtigte Rolle hat. Und Schiller gibt uns darauf, um in aller Kürze nur dieses Beispiel anzuführen, eine Antwort, sie „füget zum Guten den Glanz und den Schimmer, . . .“. Das ist sicher nicht weniger schlimm, aber es heißt doch, daß Schiller die Frau als Hort des Ästhetischen versteht. Und was dieses nun für ihn und die bürgerliche Welt bedeutet, habe ich oben skizziert. Nur „drinnen“, nur in der Distanz zur Arbeitswelt kann ästhetisch die Idee des wahren Menschen bewahrt werden, wenn ich das in dieser Vereinfachung sagen darf.

Damit habe ich indirekt gesagt, worum es heute beim Kanon gehen müßte: um die Geschichtlichkeit, nicht um Literaturgeschichte primär, sondern um Geschichte als geistige Bedingung unseres Herkommens und Seins, um bürgerliche Geschichte. Er hätte uns das zu vermitteln und als bedenkbar aufzugeben, was noch immer wirksam ist, obwohl es überholt ist. Er hätte nicht mehr die Aufgabe, affirmativ in die bürgerliche Welt einzuführen und bürgerliche Ästhetik zur Beschreibungs- und Darstellungsform der Welt par excellence zu machen. Das besorgen heute schon Trivialliteratur und Fernsehdramaturgie. Viel wichtiger ist es zu begreifen, was diese Epoche war, worin Bürgerlichkeit besteht, welches Menschen- und Weltverhältnis und welche geistigen Grundzüge in ihr mächtig waren. Der literarische Kanon müßte also die Möglichkeit geben, die bürgerliche Epoche neu zu durchdenken und ihre Probleme aufzuarbeiten, um dadurch der heimlichen, untergründigen Weiterwirkung ihrer verflachten und substanzlos gewordenen Prinzipien die Kräfte zu entziehen. Das geht aber nur, wenn deren bedeutenden Ursprünge gedacht und immer wieder gedacht werden.

Nur wenn man die geschichtlichen Gegebenheiten qualitativ und ganz positiv durchdenkt, kommt das Anderssein unserer Welt und unserer Möglichkeiten ans Licht. Vordergründige Kritik ist fruchtlos. Sich geschichtlich von einer früheren Epoche abzusetzen, beinhaltet zugleich auch eine selbstkritische Begleitung des eigenen Weges auf der Basis der denkenden Aneignung der Vergangenheit. Ein Einwand, daß eine solche Kanonarbeit doch gewisse Züge der Negation habe und daher nicht erzieherisch sei, liegt auf der Hand – aber eben nicht im denkenden Kopf. Eine Aufarbeitung der Vergangenheit bringt mich erst selbst in die Geschichte wirklich hinein, läßt mich mitwirken und hat als Lösung von einer vergangenen Epoche nur dann wirklichen Sinn, wenn sie auch zur Bestimmung der eigenen beiträgt. Ein großes, allerdings literarisches und nicht wissenschaftliches Beispiel für eine solche ablösende Kanonfunktion ist cum grano salis der Don Quijote des Cervantes.

Nun möchte ich, so faszinierend die Gestalt des Don Quijote auch ist und immer bleiben wird, dieses satirische Verfahren nicht für die Ablösung der bürgerlichen Epoche angewandt wissen. Das Beispiel diente nur als Analogie. Jede Epochenablösung bedarf ihrer eigenen Formen. Eines allerdings scheint mir sicher: eine rein ideologiekritische Negation verändert nichts, sondern verdrängt nur, so daß das Verdrängte dann immer wieder bestimmend ans Licht kommt und sozialpathologische Folgen hat. Und ebensowenig wird das heute so beliebte Gegen-den-Strich-Lesen der geschichtlichen Aufgabe und Fragestellung gerecht.

Aus diesen Aufgaben des literarischen Kanons erwachsen zwei weitere Folgerungen. Einmal, daß er ganz bewußt an der immanenten Ambiguität der bürgerlichen Literatur anzusetzen hat, daß er das der Literatur eigene Krisenbewußtsein bedenken muß, zum anderen, daß neben einem bürgerlichen Kanon auch noch Werke aus außerbürgerlichen Epochen – des Barock etwa oder der Renaissance und des Mittelalters oder der Antike – gelesen werden sollen und natürlich auch Werke unserer nachbürgerlichen Zeit, die Ansätze einer Überwindung der Bürgerlichkeit enthalten. Die vor- und nachbürgerlichen Werke markieren eine andere Art von Literatur, ästhetischer Konzeption und gesellschaftlicher Funktion und schärfen so unser Bewußtsein dafür, daß die 170/180 Jahre bürgerlicher Literatur weltgeschichtlich eben nur eine kurze Epoche sind. Wie diese Werke ihrerseits kanonisch gedacht werden können, muß hier unerörtert bleiben. Zugleich schließt dieser Ansatz den Versuch aus, einen bestimmten, sogenannten fortschrittlichen Strang der bürgerlichen Literatur als neue Tradition zu etablieren, wie das Gert Ueding etwa in seinem F.A.Z.-Artikel vom 28. 10. 1981 über den Kanon vorgeschlagen hat und wie es die DDR-Literaturkonzeption betreibt, den Versuch also einer positiven Ideologisierung. Vielmehr ist die bürgerliche Literatur als ganze zu sehen und als ganze als Erbe zu begreifen. Wir würden die Aufarbeitung und durchdenkende Befreiung verfehlen, wenn wir generell zwischen reaktionärer und fortschrittlicher Tendenz der bürgerlichen Literatur unterschieden. Auch die Rosinen gehören zum ganzen Kuchen und können nicht isoliert genascht werden.

Wenn dies die grundsätzliche Einstellung ist, dann kann bei der kanonischen Textauswahl natürlich das uns Gemäßere ein Übergewicht erhalten, zumal durch diese Texte ja gerade noch immer unsere Verstrickung in die bürgerliche Welt offenkundig wird. Aber auch diese Texte sollten dann nicht affirmativ als „gute" Tradition, sondern ebenfalls kritisch, eben als bürgerlich betrachtet werden. Konkret gesprochen: statt Schillers „Lied von der Glocke" dann doch lieber Heines „Wintermärchen". Aber auch dies ist als bürgerlich zu begreifen.

Was verstehe ich nun als den Zentralaspekt, der die Literatur von ca. 1730 bis ca. 1914 als bürgerlich ausweist? Worin kann man die Eigenart dieser Literatur sehen? Was bestimmt ihre kritische Distanz zwischen menschlicher Persönlichkeitsbildung und technischer, sozio-ökonomischer Eigenentwicklung? Dies sind zunächst echte Fragen, die als solche ernst genommen werden müssen und denen nachzugehen ist. Eine vorschnelle Antwort aus einem verdinglichten Theorem heraus würde weder der Geschichte noch der Literatur gerecht. Gleichwohl kann man den phänomenalen Umriß dessen, worauf das Fragen zielt, vielleicht so beschreiben: Was aller dieser Literatur zugrundeliegt, ist eine neue Stellung des menschlichen Ichs innerhalb der Welt. Immer mehr wird es in der Neuzeit Subjekt, wird es als wirkliche und alleinige Grundlage des Erkennens und Handelns begriffen. Es entdeckt sich und seine Kräfte nicht nur innerhalb der Welt wie in der Renaissance, sondern gründet die Welt auf dieses Ich. Es denkt sich als Subjekt, als Selbst, verkündet seine Autonomie und Selbständigkeit und leidet an der bzw. kritisiert die reale geschichtliche Entwicklung.

Der neue bürgerliche Kanon hätte es zu ermöglichen, die Geschichte des menschlichen Ichs als Subjekt in seinen vielfältigen Ausprägungen und individuellen Gestaltungen aufzuarbeiten. Die Frage nach Stellung, Bedeutung und Problematik des subjekthaften Ichs in der Welt wäre der immer anwesende Aspekt der literarischen Behandlung. Dabei müßte die bürgerliche Epoche als eine geschichtlich sich entfaltende insgesamt gesehen werden, wobei die binnenliterarischen Überlegungen zur Abgrenzung der Epochen und Gattungen transzendiert würden und das zum Teil Tautologische solcher Beschäftigungen in Erscheinung träte. Eine solche Beschäftigung mit Geschichte ist vielfältig und nicht über einen geschichtsphilosophischen Kamm zu scheren. Die Geschichte selbst verläuft nicht eingleisig, sondern artikuliert eine Fülle von Problemen und Konstellationen. Das macht ihren Reichtum und Erfahrungsschatz aus. So läßt sich aus ihr auch nicht einfach ein Kanon deduzieren, der dann Werk für Werk additiv wie Perlen auf einer Schnur aneinandergereiht werden könnte.

Das pädagogische Ziel einer solchen Beschäftigung mit den Verhältnissen und Schicksalen des subjekthaften Ichs innerhalb der bürgerlichen Welt wäre zunächst einmal, die in den Werken gestalteten Erfahrungen nachzuholen und wieder einzuholen und zu eigenen Erfahrungen zu machen: zu Lese- und Denkerfahrungen. An Erfahrungspotential ist die Literatur unerschöpflich. Damit wird sie nicht nur unverzichtbar für die Bildung des Menschen, sondern erhält heute eine immer größere Notwendigkeit. Denn unsere wissenschaftlich-technische Welt zielt ja dahin, Erfahrung und damit menschliche Entfaltung überflüssig zu machen. Methodisierung und Technifizierung dienen ja gerade dazu, berufliche Erfahrung etwa zu ersetzen, den Menschen aus den objektivistischen Sachgesetzlichkeiten des modernen Daseins zu eliminieren, ihn austauschbar und überflüssig zu machen. Niemand ist mehr unersetzlich, sondern nur noch Funktion. Deutlich wird das neben dem Arbeitsprozeß in der Stellung der Gesellschaft zum Alter. Wenn man die zunehmende Jugendlichkeit bei Politikern mit dem hohen Lebensalter antiker Politiker vergleicht, wird sichtbar, daß nur physische Leistungsfähigkeit, aber eben nicht mehr Erfahrung in politischen Funktionen zählt.

Die Eliminierung von Erfahrung auch in der Schule, wo man meint, es käme nur auf den Stoff und seine Vermittlung an, wo Persönlichkeitswirkungen gerade abgebaut und irrelevant gemacht werden sollen, ist ebenfalls ein wesentliches Element unserer modernen Umwelt. Und wo auf unseren Universitäten gibt es noch echte Lehrer-Schüler-Beziehungen? Dies alles bedeutet einen Ich-Verlust, der gerade möglich wurde, weil die bürgerliche Literatur das Ich nur ästhetisch zu retten versuchte und es in diesem Bereich vielleicht hypertrophierte. So hängen der bürgerlich-persönlichkeitszentrierte und der entpersönlichte Gesellschaftszustand zusammen, und gerade diese Art des Zusammenhangs, seine Entstehung, seine Ursachen und Konsequenzen müßten einsehbar gemacht und aufgezeigt werden. Und dies kann immer nur an und durch unsere bürgerlich-klassische Literatur geleistet werden. Denn nicht darf der Kanon – und das meine ich mit einem restaurativen Rückfall in den Literaturunterricht der 50er Jahre – das Ich, die Persönlichkeit erneut nur ästhetisch oder existentiell zeitlos zu retten versuchen, indem die klassische Literatur affirmatives Vorbild wird, sozusagen als heile Welt gegen eine heute entmenschte, sondern so, daß die Konzeption des bürgerlichen Ichs als autonomes, als selbstbestimmtes, als nur sich selbst verwirklichendes in Frage gestellt wird, weil diese Subjektposition des Ichs offenbar falsch ist und gerade im Rückzug auf sich selbst die Freisetzung der Sachentwicklung gefördert hat. Alles Selbstische, wie es auch in den Begriffen der Selbstverwirklichung, Selbstbehauptung, Selbstbestimmung usw. steckt, ist von der Struktur, daß es sich zunächst von außen abschließt und sich auf sich selbst richtet. Die Welt erscheint dann nur als ein Bereich, indem es gilt, sich und seine Interessen durchzusetzen. Dieser isolierende Zug, der vom Selbst als einer ewig gleichen Substanz ausgeht, es nicht geschichtlich und als Aufgabe, sondern als Wesen und Natur begreift, ist es, der selbst noch bei den höchsten Formen gebildeter Persönlichkeit Fragwürdigkeit aufkommen läßt.

Das Ich bedarf einer anderen Stellung in der Welt als der selbstischen. Seine bürgerliche und ästhetische Vergöttlichung ist ebenso zu kritisieren wie seine heutige Bedeutungslosigkeit. Ich kann das hier nicht weiter ausführen, möchte aber an der Wertediskussion doch zeigen, in welche Richtung diese Überlegungen zielen. Seit Jahren herrschen in der didaktischen Diskussion die Werte Emanzipation, Mündigkeit und Selbstverwirklichung vor. Alle drei sind zutiefst bürgerliche Werte. Sie zielen auf den Einzelnen und sein Selbst. Und wenn sie partiell – etwa als eine bestimmte Emanzipation und Mündigkeit – eine wichtige gesellschaftliche Rolle spielen, sind sie als erzieherische Universalziele doch problematisch. Hinter ihnen steht der bürgerlich-liberalistische Gedanke, daß nur jeder für sich selbst sorgen müsse, dann wäre auch schon die Gesellschaft in Ordnung. Und es erscheint paradox, daß diese solipsistischen Werte linke Werte sein sollen.

Der Kultusminister von Baden-Württemberg hat demgegenüber auf Ziele und Werte aufmerksam gemacht, die in den meisten Länderverfassungen stehen. Und wenn man das nachprüft, ist man erstaunt, daß dies stimmt. Um es vorweg zu sagen, mir kommt es hierbei nicht auf den einzelnen Wert selbst an, sondern auf den Werttypus, der da formuliert wird und der in der Tat in deutlichem Gegensatz zum egozentrisch-solipsistischen Werttypus der letzten Jahre steht. In Art. 12 der Baden-Württembergischen Landesverfassung stehen als Erziehungsziele u. a.: christliche Nächstenliebe, Brüderlichkeit, Friedensliebe, Verantwortlichkeit, und in einer Reihe anderer Verfassungen steht das Wort Duldsamkeit. Wie gesagt, ich möchte hier nicht über jeden einzelnen Wertgehalt sprechen, aber auffällig ist doch, daß sie alle soziale und nicht egozentrische Werte sind, daß sie den anderen mit einschließen, ja durch ihn bestimmt werden. Ein restaurativer Tendenzen unverdächtiger nachbürgerlicher Autor wie Bertolt Brecht hat mit seinem zentralen Wert „Freundlichkeit“ ebenfalls diesen Typus gewählt.

Wie sehr dieser Werttypus, der eben nicht auf das Selbst zielt, sondern sich im Verhältnis zum anderen formuliert, auch unseren traditionellen bürgerlichen Schultugenden wie Ordnung, Disziplin, Fleiß und Leistung widerspricht, liegt auf der Hand. Werte wie Hingabe, Sich-Einlassen, Hilfsbereitschaft, Sorgfalt, Bescheidenheit, aber auch Duldsamkeit und Dienen könnten aus ihrer Diffamierung bei einer neuen Einschätzung des Ichs zu neuer Lebendigkeit geweckt werden. Man mache doch selbst das Denkspiel und setze an die Stelle der formalistischen und darum objektivierbaren Tugenden die qualitativen und nicht äußerlich meßbaren, aber durchaus beurteilbaren: etwa für Ordnung – Sorgfalt, für Disziplin – Hilfsbereitschaft, für Fleiß – Hingabe, für Leistung – Intensität des Sich-Einlassens, und man sieht eine andere Schule vor sich. Muß sie Utopie bleiben?

Aber dies nur als kurzer Hinweis, den ich hier nicht näher ausführen kann. Wie könnte nun ein Kanon aussehen, der alles dieses leistet: der Erfahrungen machen läßt, zugleich die Selbstzentriertheit der bürgerlichen Epoche kritisch aufarbeitet und die Problematik der Geschichte des subjekthaften Ichs bedenkt, nicht, um sie mit einem Schlag, wie die Theoretiker das immer so gern hätten, zu überwinden, sondern um ihre Bedingungen zu erkennen und beharrlich zu verändern? Er kann in der Unterrichtspraxis nicht in einer Auswahl von isolierten Werken kanonischer Gültigkeit bestehen, die einzeln vermittelt werden. Das würde nur wieder zu sogenannten Bildungsgütern führen, wie sie der bürgerliche Bildungskanon vermittelt hat, deren bloß wissensmäßige Anhäufung und elitäre Ornamentik, kurz, deren Warencharakter sich für eine konkrete Gestaltung der Lebenswirklichkeit als untauglich erwiesen hat. Vielmehr möchte ich von Kanonarbeit sprechen, von einer geschichtlichen Durchdringung der bürgerlichen Epoche unter vielfältigen Aspekten, jeweils auf der Basis eines solchen kanonischen Textes. Also nicht Addition kanonischer Werke, sondern freie, vom Lehrer und seinen Zielsetzungen selbst verantwortete geschichtliche Reihen auf der Basis von Werken des Kanons.

Der Kanon müßte daher stark begrenzt sein, bei wichtigen Autoren Alternativen anbieten und dürfte nur wirklich zentrale Werke enthalten, denen sich dann andere problemweiterführende zuordnen ließen, oder müßte einfach Autoren mit einem bestimmten geschichtlichen Stellenwert benennen. Damit ist die Gefahr der Starre und der Immanenz kanonischer Vermittlung aufgehoben und in Bildung einer Perspektive wirkliche Erfahrung, eben geschichtliche Erfahrung ermöglicht. Ich spreche in diesem Sinne von literarischer Reihenbildung. In ihr verbindet sich die Intensität der Werkinterpretation mit einer ermöglichten größeren Quantität der behandelbaren Texte zu einer neuen, auf geschichtliche Erkenntnis abzielende Qualität. Die Reihe bricht die Gefahren der Werkimmanenz auf, ohne deren Textintensität preiszugeben, wie das heute vielfach durch die

Garnierung eines Textes durch historische oder wirkungsgeschichtliche Begleittexte geschieht. Die historische Problemstellung muß schon aus dem Text und nicht aus expositorischen Nebentexten entfaltet werden, sonst wird die eigenartige Erkenntnisleistung von Literatur, eben eine Erkenntnis durch aufzeigende Gestaltung und nicht durch gedanklich-logische Beweisführung, nicht erfahrbar, vielmehr verkäme die Literatur zur geschichtlichen Ausschmückung und Illustration. Die Reihenbildung als thematische Perspektive verhindert aber auch die beliebige und letztlich sinnleere Addition von Werken, die auf den ersten Blick nicht miteinander zu tun haben und die in der Zufälligkeit ihrer Anordnung dem Schüler weder eine literarische noch eine geschichtliche Orientierung geben. Im Grunde spiegelt dieses Verfahren nur die konsumierbare Vielfalt des Fernsehens und provoziert die Forderung nach ideologischer Ausgewogenheit.

So bleibt bei aller Verbindlichkeit von Grundtexten des Kanons in der Arbeit an einer Reihe immer eine Sinnfrage offen und kann zur eigentlichen Motivation des Unterrichts werden. Daß auf diese Weise auch größere Textquantitäten zu bewältigen sind, ist wohl aus der Tatsache der alle Texte der Reihe gemeinsam umfassenden Thematik einsichtig. Ist das Grundproblem entfaltet, können die Folgetexte konzentrierter die geschichtliche Weiterführung behandeln, ohne daß substantielle Verkürzungen eintreten.

Ich fasse noch einmal zusammen: Kanon ja, aber mit einer möglichst geringen Auswahl, wobei noch nicht einmal alle kanonischen Texte gelesen werden müssen. Dafür aber Arbeit mit dem Kanon durch literarische Reihenbildung. Zugleich aber auch Arbeit am Kanon durch die Frage nach der Stellung und Geschichte des bürgerlichen subjekthaften Ichs. Dabei sollte im Vordergrund stehen, Erfahrungen zu machen, Erfahrungen mit dem Lesen und seiner perspektivischen Gebundenheit und eben mit dem geschichtlichen Problem der Stellung des Menschen in der Welt. Es geht also darum, die uns alle noch bestimmenden bürgerlichen Grundlagen aufzuarbeiten, aber nicht durch Negation, sondern durch aufhebende Erkenntnis, von der etwa Nietzsche in seiner Schrift „Vom Nutzen und Nachteil der Historie für das Leben“ schon gesprochen hat. Es geht also um Selbstaufklärung einerseits und andererseits darum, in diesem Verstehensprozeß zugleich kritisches Potential für die eigene Gegenwart zu gewinnen, die, ob sie sich fortschrittlich oder restaurativ geriert, noch immer im bürgerlichen Zeitalter und Denken wurzelt.

Die folgenden „Perspektiven“ artikulieren Grundzüge bürgerlicher Literatur von ihrem Anfang bis zu ihrem bedeutungsvollen Ende. Sie stellen den inneren Widerspruch zwischen dem Anspruch ichhafter Subjektivität und der gesellschaftlichen Wirklichkeitsentwicklung dar. Zugleich versuchen sie aber den inneren Zusammenhang zwischen dem Willen, nur man selbst sein zu wollen, und einer immer unmenschlicher werdenden Welt zu beleuchten. Sie beschreiben in verschiedenen Etappen den Weg in die Innerlichkeit und seine Folgen, bis dahin nämlich, wo sich das bürgerliche Ich als substanz- und grundlos erweist und von seinen eigenen Objektivationen beherrscht wird.

Kunst und Künstler in der bürgerlichen Gesellschaft

Eine Unterrichtsreihe über Goethes „Torquato Tasso", Grillparzers „Sappho", E.T.A. Hoffmanns „Kreisleriana", Buschs „Balduin Bählamm", Wedekinds „Der Kammersänger" und Th. Manns „Tonio Kröger"*

Die bürgerliche Kunst ist seit ihrem aufklärerisch-klassischen Aufbruch, über den romantischen Kreuzweg bis zu ihrer stark trivial durchsetzten Ausbreitung im 19. Jahrhundert, ja bis ins 20. Jahrhundert hinein begleitet von ihrer eigenen Problematisierung. Die Werke, die Kunst und Künstlerproblematik zum Thema haben, sind Legion. Das deutet auf einen inneren Widerspruch hin, der darin besteht, daß einerseits in der bürgerlichen Entwicklung das Individuum befreit, es andererseits aber gerade durch neue soziale und ökonomische Organisationsformen (z. B. Arbeitsteilung, Gewerbefreiheit statt Zunftsicherung usw.) verunsichert und letztlich entfremdet wurde.

Freier, subjektiver Produzent katexochen ist der bürgerliche Künstler. Er ist es aber auf einer Produktionsstufe, die keine Arbeitsteilung und keine Entfremdung vom eigenen Werk zuläßt. Sein Schaffen ist unabdingbar an seine Persönlichkeit gebunden, und seine Utopie gilt der einen Welt, in der Wahrheit und Wirklichkeit, Arbeit und Genuß, Geist und Sinnlichkeit zusammengehen. Spaltet sich die Einheit der sozialen Welt, dann bleibt ihm nur die Entfremdung von der Gesellschaft selbst, will er in und auf seinem Künstlersein bestehen. Auf Kosten dieser Außenseiterstellung wird er bei den einen zum beneideten und gefeierten menschlichen Ideal, bei den anderen zum skandalösen und verachtenswerten „Müßiggänger".

Die Unterrichtsreihe[1] versucht den Prozeß der Desintegration von Kunst/Künstler und Gesellschaft durch perspektivische Interpretationen nachzuzeichnen und an einigen Textbeispielen zu verdeutlichen. Natürlich kämen für eine solche Reihe auch zahlreiche andere Texte in Betracht. Gleichwohl markieren die hier ausgewählten deutlich einige wichtige Etappen, in denen sich das Spannungsverhältnis von Kunst/Künstler und Bürgertum geschichtlich gezeigt hat.

---

*) Zuerst veröffentlicht in: Literatur für Leser, 1978/2.

1 Eine ausführliche Begründung der Bedeutung didaktischer Reihen habe ich gegeben in: Die Wiedergewinnung der historischen Dimension im Literaturunterricht. In: Zeitschrift für Literaturwissenschaft und Linguistik, Beiheft 5: Lehrgegenstand: Literatur.

Goethes „Torquato Tasso"

Erst eine perspektivische Deutung verhindert jene interpretatorische Resignation, wie sie sich sonst oft vor der unterrichtlichen Behandlung eines so vollendeten Meisterwerks, wie es der „Tasso" ist, einstellt. Dabei kann freilich das feine Netz der Beziehungen, der nuancenreichen direkten und indirekten Charakterisierung und das Gewebe sprachlicher Verweisung nur mangelhaft in den Blick gehoben werden. Auch die zahlreichen thematischen Korrospondenzen im Stück, die Verhältnisse von Natur-Verdienst, Talent-Charakter, Wesen-Wirklichkeit, Utopie-diplomatisches Handeln, subjektive Freiheit-gesellschaftlicher Nutzen, Bedeutung-Faktizität usw., können nur im Rahmen unserer Fragestellung und nicht eigengewichtig berücksichtigt werden. Gleichwohl machen sie insgesamt einen Grundzug des Dramas deutlich, der als ein Ganzes für den interpretatorischen Ansatz beachtet werden muß.

Die Thematik der Kunst entfaltet sich in diesen ausgewogenen strukturellen Beziehungen beim ersten Augenschein so, daß jede von den verschiedenen Personen vertretene Position nahezu gleichwertig ist, auch ein gewisses Recht für sich in Anspruch nehmen kann und jede andere Position damit kritisiert. Das zunächst Unentschiedene und Noch-nicht-Entschiedene macht den mehr statischen, nur innerlich bewegten Zug des Dramas aus und verdeutlicht zugleich seinen „frühen" historischen Ort. Erst am Schluß wird sichtbar, daß das zentrale Thema die Vertreibung der Kunst aus der gesellschaftlichen Welt in die subjektive Innerlichkeit ist.

So ist der „Tasso" – trotz der Titelgebung – auch nicht nur von der Person des Poeten Tasso her als dessen Tragödie zu deuten, vielmehr gilt es, entgegen einer vorschnellen Personalisierung zunächst an der allgemeineren Fragestellung vom Verhältnis von Kunst und bürgerlicher Gesellschaft festzuhalten. Und da zeigt sich, daß Goethes „Tasso" schon im Ansatz die ganze Problematik unserer Reihe enthält. Trotz der feudalrenaissancehaften Einkleidung geht es nicht nur um die tragische Exponierung des bürgerlich-subjektiven Dichters, sondern auch um die bürgerliche Funktion von Kunst überhaupt.

Der „Tasso" markiert die gesellschaftliche Ausgangslage als eine in verschiedene Bereiche aufgespaltene Welt. Einer Welt der Männer steht offenbar eine der Frauen gegenüber. Die politische Welt des Herzogs und Antonios mit ihren diplomatischen Geschäften, ausgerichtet auf Nutzen und Erfolg, ein in die Welt wirkendes Tagwerk der Männer, die an den Widerständen der Wirklichkeit gereift sind, ist deutlich von einem „Freizeitbereich" getrennt, für den die idyllische Gartenlandschaft von Belriguardo steht und in den man sich nach den Geschäften zurückzieht.

Hier haben die Frauen, die Prinzessin und Leonore Sanvitale, ihren Ort. Was ganz in diesem Stück fehlt, ist die Welt konkreter, körperlich-handwerklicher Arbeit, auf deren niederste Stufe, die Galeerenarbeit, nur Tasso zum Schluß[2] (V. 3339) in bemerkenswerter Weise aufmerksam macht.

Tasso steht zwischen diesen durch gesellschaftliche Normen und nicht hinterfragte Verhaltensweisen bestimmten Welten. Er wird durch das Mäzenatentum und den Dichtungsauftrag des Fürsten ökonomisch von der einen Seite getragen und ist der anderen durch die konkrete Adressatin seiner Poesie und durch seine Geisteshaltung verbunden.

Allein die Gespaltenheit der sozialen Welt desintegriert auch die Kunst und nötigt ihr verschiedene Funktionen auf. Tasso vermag ihre ursprünglich einheitliche Bedeutung nur in einer gewissen zeitlichen Ferne von der ihn umgebenden Gesellschaft, in einem rückwärtsgewandten elysischen Wunschbild als Gemeinsamkeit von Held und Dichter, von Geist und Tat (I/3) zu schauen. In seiner konkreten Situation findet er sich und sein Werk immer schon in den vorgegebenen Funktionszusammenhängen. Darüber täuscht auch nicht der spielerische, zweckfreie Idyllenbezirk von Belriguardo hinweg. Im Gegenteil, gerade auch diese gleichsam zeit- und weltentrückte Lebenssphäre muß als ein geschichtliches Moment begriffen werden, das sich gleichsam erst durch eine bestimmte innere Struktur der öffentlichen Männerwelt von dieser als ein Refugium separiert. Dort, wo nur Kalkül, Politik, Geschäft, Verdienst und Pflichten zählen, bleibt kein Raum für die anderen Wesensseiten des Menschen. Seine freie Identität entfaltet er offenbar erst in der von der Öffentlichkeit seines Wirkens abgetrennten Welt, eben im „Freizeitbereich“ eines Lustschlosses. (In der bürgerlichen Welt tritt an dessen Stelle das streng von der Arbeitswelt getrennte Heim.)

Der unvermittelte Einbruch Antonios macht diese Spaltung in zwei Bereiche ganz deutlich. Er bringt die Züge der Welt von „draußen“, der politischen Welt mit in die Idylle und zerstört sie in gewisser Weise, hebt aber damit auch deren Eigenart hervor.

In der politischen Welt Antonios muß alles erkämpft und erarbeitet werden. Das, was geschieht und was gewonnen wird, ist das Verdienst des Mannes, der es betrieben hat. Der Nutzen steht im Vordergrund, und die Leistung ist am Erfolg meßbar. Als Mann der Tat ist Antonio ganz

2 Zitiert wird nach: Goethes Werke, Hamburger Ausgabe, Bd. 5, und zwar werden Zitate und direkte Anspielungen durch Versangabe, Hinweise auf Gedankenkomplexe durch Angabe von Akt und Szene unmittelbar im Text kenntlich gemacht.

nach außen, der Welt und ihren Bedingungen zugewandt. Sein Eingriff in die Verhältnisse der Welt verlangt Beherrschtheit, Zielstrebigkeit und das Bedenken von Vorteil und Chance, was eine gewisse Verstellung zur Folge hat.

Die Kunst hat in dieser noch mehr feudalen Welt eine dienende Funktion. Sie hat die Aufgabe, den Tatmenschen, den Politiker im Ruhme zu verewigen und seine konkrete gegenwärtige Tat zu einer geschichtlichen zu machen. Der Lorbeer kommt daher dem Täter zu. Er kann nur eine Anerkennung eines Verdienstes sein, nicht eines Talents, wie es unverdient einem Menschen – wie Tasso etwa – von der Natur mitgegeben ist. Tasso trägt den Lorbeer allein aus der Gunst und Gnade der fürstlichen Gesellschaft. Er ist somit nicht Zeichen eines meßbaren Erfolges, sondern Zeichen der Willkür von Personen. Das ist der Grund, warum Antonio Tasso den Lorbeer neidet.

Die Verwirklichung eines angeborenen Talents erscheint Antonio als bloße Selbstverwirklichung, die einfach aus dem Inneren strömt, ohne an der Widerständigkeit der Welt zu reifen oder gar die Welt zu ändern. Ein Talent entfaltet sich auch im Müßiggang. Es ist erfahrungsarm und weltfremd. In diesem Sinne erscheint Tasso als ein Kind, dem sich gerade darum die Frauen in ihrer Fürsorge zuwenden müssen (III/4).

Aber gerade auch diese „Gunst der Frauen“ (V. 2020) mißgönnt Antonio dem Tasso. Sein Neid definiert implizit die Frauenrolle, wie sie von der Männerwelt aus gesehen wird und wie sie sich in der persönlichen Zuwendung und in der Umsorgung Tassos erfüllt. (In der bürgerlichen Gesellschaft ist diese Rolle durch die drei Ks bestimmt, durch Kinder, Küche, Kirche.)

In seinem Bericht aus Rom (I/4) charakterisiert Antonio zustimmend die Auffassung des Papstes über Wissenschaft und Kunst. Nach diesen Vorstellungen zerfällt die Welt in einen Bereich des Wirkens und in einen des Dienens. Wissenschaft und Kunst dienen auf unterschiedliche Weise. Die Wissenschaft hat sich bei der Herrschaftsausübung, beim Regieren nützlich zu erweisen, während Kunst zu verherrlichen und zu zieren hat. Dabei hat die Kunst im unmittelbaren Dienst der Männerwelt – wie schon gesagt – zunächst einen mehr feudalen Charakter (Ruhm, Verherrlichung), im Bereich der Frauen, dem sie immer stärker zugerechnet wird, bekommt sie einen stark bürgerlich-verinnerlichten Zug.

Der Auseinanderfall der Gesellschaft in einen Bereich tätig wirkender Politik und in einen menschlichen Bereich des Genusses und der Entspannung weist dann die Kunst in ihrer Verschönerungs- und Ausschmückungsfunktion den Frauen zu. Diese gehören nicht zur politischen Welt, sondern dienen gleichfalls in ihrer gesellschaftlichen Rolle der Verschönerung und Zierde des Lebens der Männer nach getaner Arbeit. Sie müssen daher in einem Sonderbereich verbleiben, der nicht öffentlich ist, höchstens in der Form der Repräsentanz, und von einer gewissen Unernsthaftigkeit und spielerischen Haltung durchzogen wird. Kunst und Frauen bekommen so gesellschaftlich die gleiche Funktion. Sie gestalten nicht das Leben, sondern verklären es nachträglich.

Aber eben auch gerade diese Aufgabe ist von der politischen Männerwelt her definiert. Sie hat nur einen Wert, soweit sie den öffentlich Tätigen zukommt. Und so ist die Mißgunst Antonios auf Tassos „Gunst der Frauen" zu verstehen. Diese haben sich den von den Geschäften der Welt heimkehrenden Männern, nicht einem Müßiggänger zuzuwenden. (Das bürgerliche Ideal der Hausfrau!)

Eine so disparate Welt ist auch von verschiedenen Verhaltensnormen bestimmt. Im politischen Bereich der öffentlichen Geschäfte herrschen die sozialen Standesvorstellungen, hier noch die Normen des Edelmanns, deren Verletzung mit einem Duell bereinigt werden kann. Im „Freizeitbereich" kann man sozusagen „ganz Mensch" sein, so wie ein unverstelltes Menschsein durch die Frauen und Tasso scheinbar repräsentiert wird. Der Konflikt zwischen Antonio und Tasso (II/3) resultiert daraus, daß die Trennungslinie der beiden Bereiche von Tasso nicht mehr klar eingehalten wird, wohl weil er selbst eigentlich zu keinem der beiden wesensmäßig gehört. Tasso, der auf Anraten der Prinzessin mit offenem Herzen Antonios Freundschaft sucht, läßt sich durch dessen kühles und distanziertes Verhalten verleiten, den Degen zu ziehen, so dessen Verhaltensweise als eine der öffentlichen Gegenwelt charakterisierend. Damit bricht er aus der Sinnstruktur des Lebensbereiches von Belriguardo aus, der ausdrücklich durch fürstliche Anordnung vor Waffengebrauch gesichert ist, und muß die „Verbannung" durch den Herzog auf sich nehmen. Antonio seinerseits kann sehr deutlich zwar den Vorwurf einer menschlichen Kränkung zugeben, zugleich aber die Verletzung des ständischen Ehrenkodex entschieden zurückweisen. Er ist sich der Trennung der Bereiche durchaus respektvoll bewußt.

Wird insgesamt durch Antonio der Unterschied der beiden Lebensbereiche deutlich, so tritt durch den Herzog eine neue Qualität des Dichtertums, nämlich seine ökonomische und auftragsmäßige Abhängigkeit, zutage. Die Gelehrten und Dicher am Hofe – also auch Tasso – sind für den Fürsten eine Art Wertobjekt. Sie dienen nicht nur seinem Nachruhm, verschönern nicht nur seinen „Feierabend", sondern sind zugleich die Werbeträger seines Hofes. Das Mäzenatentum des Herzogs steht nicht nur im Dienste der Kunst, sondern der Besitz eines so berühmten Dichters wie Tasso ist Wirkungsbestandteil seiner Herrschaft selbst.

So nimmt Herzog Alfons auch Anstoß an Tassos Zurückgezogenheit. Er möchte ihn in die Gesellschaft einführen, ihn also öffentlich vorzeigen, ohne ihm aber wirklich Einblick in seine Staatsgeschäfte zu geben, was Tasso bitter beklagt (IV/2). Die Bekränzung Tassos mit dem Lorbeer ist der höfische Ausdruck für diese Einstellung, auch wenn sie von Tasso selbst existentiell mißverstanden wird. Auf der anderen Seite verkennt der Herzog völlig, daß das dichterische Genie in den bestehenden sozialen Gegebenheiten nur in der Abgeschiedenheit von der politisch-höfischen Gesellschaft zu einer außerordentlichen Leistung, wie sie „Das befreite Jerusalem" darstellt, befähigt wird.

Als „Besitzer" Tassos muß der Herzog nicht wie Antonio mit Tasso rivalisieren. So kann er großzügig sein und im Streit der beiden auf Versöhnung drängen. Wie ernst ihm aber das Besitzverhältnis ist und wie sehr er um sein „Prestigeobjekt" fürchtet, geht aus der Szene hervor, in der Tasso seinen Abschied nach Rom erbittet (V/2). Einmal versucht hier Alfons dadurch, daß er Tassos poetisches Werk nicht zurückgeben will, ein Pfand für die Rückkehr Tassos in der Hand zu behalten (er will nur eine Abschrift ausliefern), zum anderen gibt er dem freien Entzug Tassos ein dienstliches Aussehen, indem er zugleich Tasso mit Briefen für sich nach Rom betraut.

Die Welt der Frauen ist nur scheinbar selbständig. Wie sie von der Männerwelt her konzipiert und geprägt wird, wurde schon dargetan. So nimmt es nicht wunder, daß Leonore bei näherem Hinsehen durchaus von der öffentlich-politischen Welt affiziert ist. Das zeigt ganz deutlich ihr Versuch, Tasso nach Florenz abzuwerben. Ferara und Florenz: zwei Konkurrenten im Streit um die besten „Werte"!

Auf der anderen Seite ist sie als Frau aber nicht unmittelbar in der politischen Welt tätig, sondern gehört durchaus zum „Freizeitbereich", zu dem die Kunst als Schmuck und Zierde zählt. Gerade an ihr wird dieser von der männlichen Welt auferlegte Zug der Kunst besonders einsichtig, bekränzt sie doch mit bunten Blumen die Büste Ariosts, eines scherzhaft-geselligen Dichters, der in gewissem Gegensatz zu Virgil, dem von der Prinzessin mit dem Lorbeer bekränzten poeta vates steht. Obwohl sie wie Laura von Petrarca durch Tasso besungen werden möchte, behält der ganze Kunstbereich für sie doch eine spielerische Dimension. Er ist nicht in vollem Ernst als Gegenwelt begriffen. Das erhält Leonore den realistischen Überblick, aus dem heraus sie zu klugen Einschätzungen ihrer Partner (Antonio, Prinzessin) kommt.

Dagegen ist die Prinzessin vielmehr Repräsentantin der idyllischen Sonderwelt von Belriguardo, einer Sonderwelt, der – wie wir sehen werden – erst sie einen eigenen Sinn zu geben versucht. Hochgebildet, bescheiden und nach schwerer Krankheit schon in der Jugend mit dem Tode konfrontiert, hat sie sich zu einer philosophischen Grundhaltung („Schülerin" des Plato!" V. 222) durchgerungen, die die Äußerlichkeit der politischen Welt durchschaut und auf das Ewige der Ideen blickt.

In bewußtem Gegensatz zur äußeren Wirksamkeit und Betriebsamkeit lobt sie Tassos Sorgfalt am Wort, sein langes Feilen, das nicht mit Teilergebnissen und Kompromissen zufrieden sein kann, wie es die Politiker sein müssen, sondern der im Kunstwerk ein vollendetes Ganzes hervorbringen will. Ihre philosophisch-verstehende Einstellung (V. 116 ff.) verbindet sie mit Tasso, der als Dichter ebenfalls die vordergründige Scheinwelt transzendiert und „etwas zu suchen scheint, das wir nicht kennen" (V. 149). Auch in seiner Utopie vom Zusammenhang von Tat und Geist und im Gespräch über das goldene Zeitalter scheinen Gemeinsamkeiten auf. Aber was bei Tasso zur inneren Unruhe, zu einem Anspruch an sich, zum Gefühl des Unvollkommenen, zum Veränderungswunsch wird, ist in der kontemplativen Betrachtungsweise der Prinzessin einer ruhigen und bloßen Feststellung gewichen.

Ihr Verhalten zur Welt ist rein theoretisch im strengen philosophischen Wortsinn griechischer Theoria. Es ist ein Schauen der Dinge, wie sie sind, das in diesem Schauen zum höchsten Wissen zu gelangen meint. Sie nimmt gegenüber der Welt die Haltung des Mondes ein, der nur den Widerschein der Sonne gibt, so wie Leonore sie in ihren Leidenschaften charakterisiert (V. 1956). Veränderung, Aktivität liegen ihr fern. Und so akzeptiert sie die Spaltung der sozialen Welt in zwei Bereiche, akzeptiert auch die damit verbundene „Arbeitsteilung" und möchte nur ihrerseits dem fraulichen Lebensbereich einen tieferen, geistigen Sinn geben. Aus dieser Einstellung heraus kann sie auch die wesensmäßige Trennung zwischen Antonio und Tasso, zwischen Täter und Dichter, nicht grundsätzlich beseitigen, wie Tasso das wünscht, sondern kann nur versuchen, den Gegensatz additiv durch eine enge Freundschaft zwischen beiden aufzuheben.

Theorie und reines Verstehen sind die geistigen Voraussetzungen ihrer Entsagung, ja sie sind diese schon selbst. Und so verlangt sie auch von Tasso diese theoretische Einstellung eines ruhigen Zuschauens (II/1). Und letztlich sind es diese Haltung des Einverständnisses mit der Wirklichkeit, wie sie ist, und ihre Passivität, die trotz aller Nähe zu Tasso diesen in das von leidenschaftlicher Liebe verursachte Mißverständnis führen.

Zentral in unserem Sinn ist für das Stück die Auseinandersetzung über das goldene Zeitalter (II/1). Zwar wirft die Prinzessin darin Tasso vor, daß er vor der Wirklichkeit in die Einsamkeit zurückweicht, weil er nur dort die goldene Zeit in seinem „Innern wiederherzustellen" (V. 976) vermag, doch merkt sie nicht, daß gerade sie in ihrer theoretischen Haltung Tasso aus allen Wirklichkeitsbeziehungen auf sein eigenes Innere zurückwirft.

Dieser Rückzug auf das Innere bedeutet für Tasso eine Radikalisierung seiner Utopie, ein Zurückgehen, um mit geistiger Schnellkraft über die Wirklichkeit hinweg jene paradiesischen Zeiten der Aufhebung der Gegensätze und den Einklang mit der Natur zu imaginieren. Die goldene Zeit ist für Tasso die Zeit freien, vollkommenen Menschseins auf einer freien Erde, ist Einheit von Bedürfnis und Notwendigkeit, Pflicht und Neigung und naturhafte Aufhebung aller gesellschaftlichen Distinktionen im Sinne Rousseaus. All das faßt er zusammen in dem kühnen Wort: „Erlaubt ist, was gefällt" (V. 994).

Die Prinzessin wäre keine Denkerin, durchschaute sie nicht kritisch eine so zeit- und geschichtsentrückte innerweltliche Utopie. Hier ist sie trotz ihres Platonismus strenger und nüchterner als Tasso. Sie glaubt weder, daß es realiter ein goldenes Zeitalter im Tassoschen Sinne gegeben habe, noch daß es überhaupt ein wesentliches Glück auf der Welt gibt (III/2). Gegen Tasso setzt sie ihren Wahrspruch: „Erlaubt ist, was sich ziemt" (V. 1006).

Die goldene Zeit ist für sie kein zeitentrückter Zustand, sondern ein zeitbedingter, der heute so gut wie früher zu erreichen ist. Er ist zunächst im Einverständnis mit dem Sich-ziemenden, also mit der herrschenden Sitte begründet. Hier wird die Akzeptierung des Bestehenden zur tragenden Denkfigur, obwohl oder vielleicht gerade weil die Prinzessin von ihrer Position aus das Bestehende vertieft zu interpretieren und damit sinnhaltiger zu machen versucht.

Dem Mißverständnis Tassos, daß in dieser Art der Anpassung nur der Gewaltige und Kluge triumphiere, weil immer er es ist, der das Sich-ziemende, die Sitte, bestimmt, dem Vorwurf also, daß das herrschende Ethos immer das der Herrschenden ist, begegnet die Prinzessin mit einem interessanten Argument.

Das Sich-ziemende ist auch für sie keine ewige Norm, kein leeres Allgemeines, wie man in der Abwehr der konkreten Kritik Tassos erwarten könnte. Auch sie möchte es konkret bestimmt sehen. Aber nach ihrer Vorstellung wird es nicht von den Herrschenden, den Politikern und Tatmenschen der Gesellschaft, sondern von „edlen Frauen" (V. 1014) bestimmt.

In der Rückführung des Ethos auf die edlen Frauen versucht die Prinzessin dem Bruch in der Welt zwischen Tat und Geist, zwischen zweckhaftem und zwecklosem Tun, zwischen Männerwelt und Frauenwelt einen neuen Sinn zu geben. War die Frauenwelt – und das zeigt sich noch bei Leonore – ein bloßes Anhängsel der politischen Welt, von ihr her bestimmt, deren „Feierabend", so sieht die Prinzessin in diesem aus der Öffentlichkeit und den Geschäften der Männer ausgegliederten Bereich den Hort der Sitte, einen Bereich mit eigenständiger Aufgabe. Die Separierung von der zweckrationalen Welt gibt der Domäne der Frauen einen eigenen, neuen und gewissermaßen emanzipatorischen Sinn. Ihr Bereich wird frei von den Verstrickungen der kurzlebigen politischen Welt, ja, er stellt zugleich die Männerwelt recht eigentlich ethisch in Frage. Auf der anderen Seite markiert diese Sinngebung aber nun auch die völlige Trennung beider Bereiche. Politik und Geschäft auf der einen, Ethos auf der anderen stehen sich gegenüber, unverbunden, mit der Möglichkeit der Entlastung jeder Seite von der anderen. Eine getrennte Entwicklung wird möglich: eine ethisch indifferente Zone der Politik und des Geschäfts und ein reines Bewahren der Sitte ohne praktische Relevanz.

Reiz, Vergänglichkeit, ferne Güter, Weite und imperialer Ewigkeitsdrang auf der einen, Beschränkung aufs Konkrete, aber dessen Beständigkeit und Treue auf der anderen Seite, das sind die Gegensätze (V. 1024 ff.), wie sie sich für die Prinzessin darstellen. Und sie kann aus dieser neuen philosophischen Deutung einen neuen, immer wieder von Menschen herzustellenden utopischen Zustand entwerfen, der darin besteht, daß der Besitz bewahrt wird, daß man sich auf ihn beschränkt, allen Ausweitungen entsagt und nicht auf neue Güter lüstern wird. Imperiale und expansive Wachstumspolitik des männlichen Handelns oder Bescheidung mit dem Bestehenden ist die Alternative. Im Entsagen und in der Bescheidung aber liegt der Aufbruch in das goldene Zeitalter schon hier und jetzt.

So überzeugend das klingt – gerade heute –, so ist doch dieser Gedanke auf einer rein theoretisch-verstehenden Basis entstanden, die die Grundtrennung der Welt und damit die „Arbeitsteilung“ in Sinnbereiche akzeptiert. Die Prinzessin ist damit zur Vertreterin einer bürgerlichen Auffassung geworden, die an der separierten Stellung der Frau festhält und sie als Hort der Reinheit und der Werte verklärt, während draußen die Gesetze der machtpolitischen oder kapitalistischen Welt des bloßen Nutzens herrschen, ohne sich zu verändern.

Theoretisch, nur verstehend, als „Mondschein“, der nur widerspiegelt, ist das Dilemma der getrennten Welten nicht zu überwinden. Kunst, die nur ein Refugium ist, ein abgeschlossener Raum unter der Vorherrschaft der Sitte, dient – wie ein rein theoretisches Philosophieren – zugleich der Stabilisierung, wenn nicht gar der Verklärung der öffentlichen Welt. Was da durch Kunst und Sitte ethisch in Frage gestellt wird – eben die öffentliche Welt –, kann beiden praktisch durch reine Machtausübung die Spitze brechen, wie im Herzog angedeutet ist.

Tasso hingegen flieht den erkannten Zwiespalt der Welt nicht. Er muß ihn in der eigenen Brust austragen. Seine personale Praxis im Liebesgeständnis der Prinzessin gegenüber scheitert an deren nur „platonischer“ Haltung. Sieht er sich von vorneherein aus der großen Welt der politischen

Öffentlichkeit und der großen Geschäfte verbannt, so scheitert er auch an der Welt der Frauen. Auch sie gibt ihm trotz oder gerade wegen ihrer idealen Sinngebung durch die Prinzessin keine Heimstatt.

Seine Utopie geht auf Vereinigung der gespaltenen Welt durch deren Veränderung aus. Er kann sich nicht mit der Trennung in zwei Bereiche abfinden. Seine Dichtung braucht die eine, ganze Welt, sie braucht sie in eigener Erfahrung und nicht aus zweiter Hand, etwa durch den Herzog. Er kann sich nicht anpassen, sondern muß seiner Dichternatur nachkommen, wie der Seidenwurm (V. 3083) seinem Geschäft. Und so hält er – nur qualvoll zerrissener und um Erkenntnisse reicher – bis zum Schluß seine Ausgangssehnsucht virulent: er sucht den Einklang mit der Natur, sammelt das Zerstreute zur Einheit des Werks, belebt das Unbelebte, semantisiert es also, und blickt doch weit über die Erde hinaus (V. 159 ff.). In solcher Weise sinngebend, werden für ihn Konkretion und Transzendenz bestimmend.

So wie er als Dichter aus allen Wirklichkeitsbereichen „vertrieben" ist, so ist er es auch aus einer normalen sozialen Stellung. Verarmter Eltern Kind, allein dem Mäzenatentum des Herzogs anheimgegeben, ist er zwischen die äußersten Pole der sozialen Skala eingespannt. Die Wirklichkeit aber liegt dazwischen. Sie findet sich weder auf der Stufe der Existenzbedrohung durch Armut noch im persönlichen Gnadenakt des Fürsten. Beide geben ihm nur Wirklichkeit in verstellter Form. Aber durch die Erschütterung, die er aus dem Verhalten der Prinzessin erfährt, lernt er die Einsicht in die Verstellung und Verdrehung der Welt, die er nun verzweifelt zu imitieren vermag. Im Durchschauen und scheinbaren Anpassen sieht er sich vollends auf seine Subjektivität zurückgeworfen. In dieser puren Subjektivität gründen auch sein permanenter Argwohn, seine scheinbare Launenhaftigkeit und Gereiztheit. Ausgeschieden aus den Weltbereichen der ihn umgebenden Gesellschaft, ist er in sich versponnen, und es bleibt ihm einzig „zu sagen, was *ich leide*" (V. 3343 – *Kursivdruck* – R. G.), sein subjektives Leidbekenntnis.

Subjektivität und Empfindsamkeit sind nicht dichtungseigentümlich und schon gar nicht persönliche Eigenschaften Tassos, vielmehr werden sie von jener Welt- und Sozialkonstellation hervorgebracht, die in diesem Drama genau beschrieben sind. Die Verinnerlichung der Kunst und die Negierung ihrer sozialen und öffentlichen Rolle ist das Produkt soziohistorischer Bedingungen. Tassos persönliches Schicksal ist in diese geschichtliche Situation verwoben. Ginge es nach seiner festgehaltenen Utopie, dann käme es darauf an, als Dichter Welt und Wirklichkeit mitbestimmend auszusagen. Seine Tragik besteht darin, daß ihm das verwehrt wird. Trotzdem „theoretisiert" er sein individuelles Schicksal nicht fort, sondern behält die schmerzhafte Erkenntnis: „Die Menschen kennen sich einander nicht;" (V. 3338) als wahrhafte Einsicht in seinem Bewußtsein. Aus dieser Wahrheit blitzt dann etwas von seiner Sehnsucht auf, wenn er die Erniedrigten und Beleidigten apostrophiert und auf der Stufe des Elends jene Gemeinschaft zu sehen meint, die er in der Welt vermißt:

Nur die Galeerensklaven kennen sich,
Die eng an *eine* Bank geschmiedet keuchen;
Wo keiner was zu fordern hat und keiner
Was zu verlieren hat, die kennen sich;
Wo jeder sich für einen Schelmen gibt
Und seinesgleichen auch für einen Schelmen nimmt.
Doch wir verkennen nur die andern höflich,
Damit sie wieder uns verkennen sollen. (V. 3339 ff.)

Grillparzers „Sappho"

Auch in Grillparzers „Sappho" gibt es – wenn auch auf andere Art – eine Vertreibung der Kunst aus einer bestimmten Wirklichkeit. Wird die Kunst im „Tasso" auf das reine poetische Subjekt zurückgedrängt und damit ortlos, ja um jegliche Wirkung auf die beiden Welten gebracht, so wird sie in Grillparzers „Sappho" gerade einem bestimmten Bereich zugewiesen, um ebenfalls unwirksam zu werden, gleichwohl aber ideologisch der bürgerlichen Gesellschaft als Moment ihrer Verklärung erhalten zu bleiben.

Meist nur als Liebestragödie interpretiert, ist die „Sappho" doch vor allem von ihrem Grundansatz her eine Tragödie einer demokratischen Kunstbestrebung. Die Liebende und die Künstlerin sind in ihr unauflöslich miteinander verbunden und nur um den Preis des Todes zu trennen. Und es sind wohl vor allem die hohe Verskunst Grillparzers und die Musikalität seiner Sprache, die immer wieder verhindern, daß die grundsätzliche, expositionelle Programmatik dieses Stückes vor allem am Anfang genügend beachtet werden.

Das Drama ist durchgängig auf den Gegensatz von der Hoheit Sapphos („hohe Frau" V. 145)[3] und der Gleichheit zwischen Phaon und Melitta aufgebaut. Das Erhabene und Hohe und damit das Außergewöhnliche, das übrige Menschsein Überragende der Sappho wird vor allem im I. Akt herausgearbeitet. Zugleich damit wird aber dargestellt, daß Sappho selbst sich gegen dieses Bild wehrt. Sie stellt gegen ihr soziales Ansehen und die Göttlichkeit ihres Dichtertums, nun als preisgekrönte Sängerin mit dem Lorbeer aus Olympia zurückkehrend, eine andere Seins- und eine neue Kunstauffassung.

3 Zitierweise wie beim „Tasso" hier nach: Franz Grillparzer. Sämtliche Werke. Hrsg. v. Peter Frank und Karl Pörnbacher, Bd. 1.

Als olympische Sängerin hat sie von Göttern und Mythen gesungen, ist sie Künstlerin des Ewigen, des Reiches der Ideen, der Werte, des Ethos und des Schicksals gewesen. Ihr Dichtertum stand ganz unter dem Anspruch des Göttlichen. Aber kann der Mensch den Göttern so nah sein? Ist er als Sänger der wahre Deuter ihres Willens, der echte Verkünder ihrer Wahrheit? Sappho hat Zweifel daran, und es „drückt" (V. 46) sie die „göttliche Beziehung". Der Siegeskranz erscheint ihr gar als „frevle Zier" (V. 58), weil er ihr als Individuum eine Sonderstellung zumutet.

Für Sappho bekommt das Dichtertum seine Legitimation nicht durch die Ausnahmerolle einer besonderen Nähe zum Göttlichen, sondern – und das ist ihr Kunstprogramm – durch Bürgernähe. Erst in der Mitte ihrer Landsleute kann sie den Siegeskranz wirklich ihr eigen nennen (V. 46 f.), so die Gemeinschaftsbindung auch des künstlerischen Tuns unterstreichend.

Kunst soll im Leben, in der Gemeinschaft, in der zwischenmenschlichen Beziehung verwurzelt sein. Sie setzt das konkrete menschliche Leben, die Wesensgleichheit mit allen anderen Menschen voraus und auch deren alltägliche Lebensweise. In solch „demokratischer" Kunstauffassung gründet auch ihre Liebe zu Phaon. Durch ihn und ihre konkrete Liebe zu ihm sieht sie sich aus der Dichterhöhe ins Leben zurückgebracht. Und eine lebensdienliche Kunst ist ihre erklärte Absicht. Damit müssen sich aber auch die Gegenstände der Kunst verändern. Und so will sie statt der Götter, das irdische, alltägliche Leben besingen und selbst den Lorbeer mit der Myrte vertauschen (V. 95). Idyllische, den häuslich-alltäglichen, den „bürgerlichen" – im weiten, sozial unspezifischen Sinn des Wortes – Umkreis besingende Dichtung, statt hymnischer, ist ihr Vorsatz.

Mit dieser anderen Kunst soll sich auch die Einstellung der Bürger zur Kunst wandeln. An die Stelle von Bewunderung und Verehrung einer die göttlichen Dinge zur Sprache bringenden Dichtung soll die Liebe (V. 99) zu der neuen menschlich-alltäglichen Dichtung treten. Liebe zu den Mitbürgern, liebende, d. h. gemeinschaftliche Interessen in und an der Kunst und Liebe zu Phaon als Ausdruck dieser auf das menschliche Leben gerichteten Seinsweise, das sind die Bezugspunkte dieses Dramas.

Hatte das götterbezogene Dichtertum Sappho isoliert, hatte es ihr das Opfer des Lebens abverlangt, so erkennt sie jetzt: „Und *leben* ist ja doch des Lebens höchstes Ziel!" (V. 270)

Anders dagegen Phaon. Er hält von Anbeginn an an seiner erhöhenden Verehrung Sapphos fest und nimmt ihre Liebe und ein gemeinsames Leben im eigentlichen Sinne nicht an. Was ihn fesselte und für Sappho bestimmte, war das Bild, das er sich vom Hörensagen von ihr gemacht hatte (I/3). Und sie bleibt für ihn dieses Bild (III/1, V/3), wird niemals

– höchstens gegen Ende, wo er in ihr nur die Widersacherin und eifersüchtige Frau erkennt – reale Person. Bildhaftigkeit verfälscht hier aber die Realität, da sie die Wandlungen nicht zu vernehmen vermag, die mit Sappho vorgegangen sind. Sie verfestigt eine Erkenntnis und läßt keine Korrektur zu, so daß Sappho für ihn nach wie vor als Göttin, als Überirdische (V. 1724) verbleibt.

Ist Phaon mehr durch die Überraschung, von der Verehrten auserwählt zu sein, an Sappho gebunden, so will sie dagegen eine Lebensgemeinschaft mit Phaon auf dem Boden ihrer neuen Überzeugung von der Gemeinsamkeit und der gegenseitigen Durchdringung von Kunst und Leben:

Laß uns denn trachten, mein geliebter Freund,
Uns *beider* Kränze um die Stirn zu flechten,
Das Leben aus der Künste Taumelkelch,
Die Kunst zu schlürfen aus der Hand des Lebens. (V. 280 ff.)

Aber Liebe gibt es in der Welt offenbar nur unter Gleichen. Und so sind Phaon und Melitta für einander bestimmt. Die Betonung ihrer Gleichheit durchzieht ebenfalls das ganze Stück. Das erste Augenmerk Melittas bei der Ankunft Sapphos gilt ihm, und seine jugendliche Schönheit als Mitgift der Natur (V. 258 ff.) korrespondiert mit der Schönheit Melittas. Auch die Lebensumstände gleichen sich weitgehend. Von der Heimat und den Angehörigen getrennt, ohne besondere Gaben, stehen sie, die eine als Sklavin, der andere als bloßer Verehrer von Kunst, als ein von einem Traumbild Verwirrter, beide nach eigener Einschätzung tief unter Sappho. Beide verhalten sich auch ähnlich. Bäumt sich in Melitta das Sklavenbewußtsein einmal gegen alles Hohe auf, so empört sich später Phaon gegen den Anspruch Sapphos. Beide lassen auch nicht ihre existentielle Beziehung durch die Zuwendung und Liebe Sapphos korrigieren, mit der diese die eine als Kind, den anderen als Geliebten zu sich auf die gleiche Stufe stellen will. Auch entsprechen sie einander im gegenseitigen Rollenverständnis der Geschlechter. Phaon übernimmt die Rolle des Befreiers und Beschützers. Er liebt den „stille(n) Sinn des Weibes“ (V. 1143), die bescheidene Häuslichkeit der Frau. Und Melitta erfüllt züchtig und mit niedergeschlagenen Augen (V. 336 ff.) diese Wunscheigenschaften. Sappho selbst – welche tragische Ironie – hat sie im Gegensatz zur eigenen Emanzipation zu dieser bürgerlichen Sittsamkeit erzogen. Schön, aber ohne Geist und Kunstverstand, „anspruchslos“, „fromm-bescheiden“, mit „liebevoller Innigkeit“ (V. 756 ff.) bietet sie das ideale Bild der biedermeierlichen Bürgerin.

Durch all diese Charakterisierungen, Verhaltensweisen und Wünsche sind Phaon und Melitta – trotz der antiken Einkleidung – als bürgerlich-empfindsames Liebespaar auszumachen. Ihre Wertvorstellungen beziehen sie ganz aus der zeitgenössischen Konvention. Und es ist nicht zuletzt Sapphos antibürgerliche Denk- und Seinsart, die sie vor dieser Liebe und damit in ihrer neuen – gleichwohl „demokratischen" – Kunst- und Lebensauffassung scheitern läßt.

Die beobachtete Liebesszene (II/4) zwischen Phaon und Melitta stürzt nun Sappho in jene leidenschaftliche Verwirrung und Zerrissenheit, die die mittleren Akte des Dramas kennzeichnet. Aus der für sie schicksalhaften, aber doch wohl auch sozialhistorisch bedingten Liebe Phaons zu Melitta und aus der Eigenart ihres persönlichen Seins resultiert im folgenden ihre hin- und hergerisseneVerhaltensweise. Einmal ist sie älter als Phaon und verzagt angesichts dessen Jugend, dann ist sie, dem eigenen weiblichen Erziehungsideal (Melitta) widersprechend, eine auch in der Liebesbeziehung aktive Frau, und schließlich ist sie emanzipierte Künstlerin und Herrin.

Ihre innere Bewegung kommt (III/1) mit einer Reflexion über die Geschlechterrollen auf einen ersten Höhepunkt und zeigt von da ab in den Qualen der eifersüchtigen Frau immer wieder das Schwanken zwischen ihrem neuen Lebensvorsatz und ihrer alten Lebensweise. Menschliche Liebe und Götteranspruch, Stolz und Flehen, Erniedrigung und Selbstbewußtsein wechseln miteinander ab.

Wenn sie die alte Position gegen die von Phaon erfahrene Demütigung aufruft:

O Törin! warum stieg ich von den Höhn,
Die Lorbeer krönt, wo Aganippe rauscht,
Mit Sternenklang sich Musenchöre gatten,
Hernieder in das engbegrenzte Tal,
Wo Armut herrscht und Treubruch und Verbrechen?
Dort oben war mein Platz, dort an den Wolken,
Hier ist kein Ort für mich, als nur das Grab.
Wenn Götter sich zum Eigentum erlesen,
Geselle sich zu Erdenbürgern nicht,
Der Menschen und der Überirdschen Los,
Es mischt sich nimmer in demselben Becher,
Von beiden Welten eine mußt du wählen,
Hast du gewählt, dann ist kein Rücktritt mehr! (V. 941 ff.)

so stellt sie später selbst die Frage, ob die Götter überhaupt noch in der Welt wirksam sind (z. B. V. 1232).

Und wo blieb euer Donner, ewge Götter!
Habt ihr denn Qualen nur für *Sapphos* Herz?
Ist taub das Ohr und lahm der Arm der Rache!
Hernieder euern rächerischen Strahl,
Hernieder auf den Scheitel der Verräter,
Zermalmt sie, Götter, wie ihr mich zermalmt! –
Umsonst! kein Blitz durchzuckt die stille Luft,
Die Winde säuseln buhlerisch im Laube,
Und auf den breiten Armen trägt die See
Den Kahn der Liebe schaukelnd vom Gestade! (V. 1505 ff.)

Als Herrin ist die Melitta ihr „Werk" (IV/2), über das sie verfügen kann. Sie will sie nach Chios bringen lassen, um sie so von Phaon zu trennen. Aber aus hypertrophem Selbstbewußtsein fällt sie in Selbstanklage und Verzagtheit und bettelt schließlich um die Erhaltung wenigstens ihres *Glaubens* an Phaons Liebe (V. 1262), wenn sie diese schon nicht mehr realisieren kann. Und wenn schon herrischer Befehl und weibliche Liebe ihr Phaon nicht erhalten können, wenn mit dem Scheitern ihrer konkreten Liebe auch ihr neuer Lebens- und Kunstansatz zerbricht, dann müßte doch wenigstens – so meint sie – das Gefühl der Dankbarkeit die beiden Liebenden zum Verzicht bewegen. Undank (V. 1215) wird von ihr als das größte Verbrechen erkannt.

Schließlich herrscht nach der Flucht Phaons mit Melitta der reine Rachegedanke vor. Mit dem Wort: „Gebt, Menschen! was die Götter mir verweigern!" (V. 1517) nimmt sie allein ihre weltliche Machtposition ein und verlangt von ihren Leuten, die Flüchtigen zurückzuholen.

Im V. Akt drängt dann alles auf die Entscheidung hin. Zwar wird in der Diskussion über die Zulässigkeit der Rechtssprechung über Phaon und Melitta durch die Herrin Sappho noch einmal ein äußeres Moment ins Spiel gebracht, aber im Grunde geht es um Sapphos Entscheidung, auf welche Seite sie gehört, auf die der irdischen Welt mit Liebe, Herrsein und auch irdischer Rechtssprechung oder auf die Seite der Götter und damit einer anderen Welt. Ihre Vision von einer neuen Welt *in* dieser bestehenden ist mit dem Scheitern ihrer Liebe zunichte geworden. Zur Debatte stehen nur mehr bürgerliche und göttliche Welt, nicht aber die Welt als Zusammenspiel von Kunst und Leben.

Jetzt ist Phaon der aktivere, der Fragen stellt. Auf dem Terrain bürgerlicher Wirklichkeit ist er dominant, und von ihm muß Sappho sich Entmenschlichung (V. 1683) vorwerfen lassen. Auch spricht er ihr ihr Künstlertum ab und entwirft selbst in bemerkenswerter Weise ein Bild von der Aufgabe der Kunst:

Zerbrich die Leier, gifterfüllte Schlange!
Die Lippe töne nimmerdar Gesang,
Du hast verwirkt der Dichtung goldne Gaben!
Den Namen nicht entweihe mehr der Kunst!
Die Blume soll sie sein aus dieses Lebens Blättern,
Die hoch empor, der reinsten Kräfte Kind,
In blaue Luft das Balsamhaupt erhebt,
Den Sternen zu, nach denen sie gebildet. (V. 1685ff.)

Was Phaon hier als Kunst beschreibt, ist weder der Göttergesang, das mythische Lied der olympischen Sappho, noch die Durch-wirkung des Alltags mit Kunst in der Idylle, in der Kunst und Leben sich gegenseitig bedingen, sich nicht negieren oder ausgrenzen, sondern gemeinsam so das menschliche Dasein bestimmen, daß beide geliebt werden können. Phaons Kunstauffassung ist nicht von einer neuen Wirklichkeit und auch nicht von den Überirdischen her bestimmt. Sie ist nur schöner Schein des Höheren und gaukelt es der Wirklichkeit nur vor. Indem Phaons Rede im Naturbild von „Blume" und „blauer Luft" bis zu den „Sternen" in einer vertikalen Bewegung Irdisches und Überirdisches zusammenzuspannen scheint, klammert sie gerade beide Seiten aus. An die Stelle der Götter mit ihrer substantiellen Wahrheit treten die Sterne als leuchtende Leerformen des Höheren, als höherer Schein ohne inhaltlich-ethisches Bestimmtsein. Und an die Stelle alltäglicher Wirklichkeit wird metaphorisch von des „Lebens Blättern" gesprochen, die nur dazu da sind, die Blume, das Schöne im Leben selbst, von diesem abzuheben. Das Leben wird so zum Mittel, wird zur bloßen Arbeitsgrundlage für das Schöne, das, von ihm hervorgebracht, nicht auf es zurückwirkt. Das Leben ist in seinen tätigen Bereichen nützlich zwar, aber undifferenziert, unschön und nicht des Gesanges wert. Zwischen den Bereichen, auf die es Sappho jeweils ankam, ist hier Kunst eine Zwischenwelt, die Heilung(Balsam) und Verklärung (V. 1697) in ein Leben bringen soll, das beide offenbar nötig hat. Kunst als „Blume" ist das Auffallende, das aus dem Alltag Herausfallende. Sie vermittelt weder transzendente Wahrheit, noch Erkenntnis der irdischen Verhältnisse. Kunst in diesem Naturbild ist Wohllaut (V. 1699), wogende Melodie (V. 1700f.) und Reinheit (V. 1698), sie ist die verklärende Form des Wirklichen.

Waren die beiden Liebenden, Phaon und Melitta, schon selbst als bürgerlich zu erkennen, so ist es diese Kunstauffassung erst recht, die Irrealität dieses Kunstverständnisses wird auch durch die unmittelbar folgende Stelle unterstrichen, in der Phaon noch einmal Sappho zu den Göttern entrücken will (V. 1717ff.), um sie sich als Bild, als Gegenstand der Sehnsucht zu erhalten. Aber bürgerliche Entrückung zu den „Göttern" ist eben etwas anderes als Götternähe selbst, wie der Tod Sapphos am Ende zeigt. Phaon braucht die Scheindimension zur Verklärung seines Daseins, er braucht sie aber nicht zu dessen tödlicher Beunruhigung. Die Wahrheit von der Wirklichkeit zu trennen, aber doch ihren Schein als angenehmes Gefühl zu erfahren, das ist die Weise der „falsche(n) Erde", die Sappho am Schluß verschmäht (V. 2036), wie Rhamnes es formuliert.

Das schmerzvolle Zusammenfahren Sapphos zuvor ist also kein Einverständnis mit Phaons Rede, sondern Ausdruck der Einsicht Sapphos, daß sie mit dieser Art Leben und mit dieser Art Kunst nichts verbindet. Sie nennt Phaon einen „Betrüger" (V. 1722), ist in sich versunken, spricht „abgewendet vor sich hin" und verläßt dann die Szene.

Ihr erneutes Erscheinen (V/6) sieht sie entschlossen, ihre alte Seinsweise wieder anzunehmen, und das heißt auch, den ganzen Ernst der Götternähe, den Tod. Wurde ihr eine neue Lebens- und Kunstauffassung versagt, in der Wahrheit und Wirklichkeit, Göttliches und Lebendiges, Kunst und Leben sich durchdringen sollten, sieht sie sich von der „siegreichen" Bürgerlichkeit wieder in den überirdischen Bereich verwiesen, dann sollen es auch die wahren Götter, nicht Stern und Blume sein, zu denen sie sich bekennt. Bleibt danach für sie die Welt in zwei Bereiche geschieden, so hat sie durch die Götternähe doch die Kraft zur Vergebung, zur Versöhnung und zum Tode.

Läßt bürgerliches Sein einerseits den göttlichen Künstler nicht in den eigenen Lebensbereich hinein und läßt es andererseits keine Veränderung der Wirklichkeit unter dem Aspekt einer veränderten Kunst zu (Idylle als Utopie), so ist es verwunderlich, daß sich auch Rhamnes an der Entrückung Sapphos zu den Göttern beteiligt. Rhamnes müßte doch als Sklave und als ihr Lehrer in der Dichtkunst (!) an einer anderen, vom Zusammenhang der Kunst mit dem Leben geprägten Wirklichkeit interessiert sein. Aber gerade für ihn und seinesgleichen wäre der gelungene Versuch eines neuen Lebens verhängnisvoll gewesen, hätte sich doch an seinem Sklavendasein nichts geändert, und die Idylle wäre auf einer gespaltenen sozialen Wirklichkeit, sie wäre auf Unfreiheit gegründet worden. Eine Sappho als Sängerin des Göttlichen bleibt zugleich die Künderin des Wahren, von dem alle Sklaven der Welt eine mögliche Veränderung ihres Lebens erhoffen können. Nicht ihre Integration ins Leben, sondern ihre Unsterblichkeit ist daher – wenn auch in antibürgerlichem Sinn – für Rhamnes das zur Umgestaltung der Wirklichkeit notwendige Noch-nicht, der lebensermöglichende utopische Zug.

E.T.A. Hoffmans „Kreisleriana"

Bei dem Romantiker Hoffmann ist die Hoffnung, die soziale Wirklichkeit mit Kunst zu durchdringen, aufgegeben und die Verdrängung der Kunst aus der bürgerlichen Gesellschaft leidvoll konstatiert worden. Bürgerliche

Welt und Kunst klaffen weiter auseinander als bei Phaon/Melitta und Sappho. Gleichwohl hält Hoffmann an der Einheit von Kunst und Leben fest und versucht auf dieser Basis eine neue Sinngebung von Kunst. Diese geschieht in einer kritisch-satirischen Auseinandersetzung mit der Alltäglichkeit einer verkrusteten, sich nicht mehr transzendierenden Gesellschaft.

Die heterogenen Texte, Skizzen und Aufsätze, die zwischen 1810 und 1814 geschrieben und dann zusammen im Zweitdruck der „Fantasiestücke in Callots Manier" (1819) erschienen sind, geben aus den angeblichen Papieren des Kapellmeisters Johannes Kreisler sehr früh und besonders deutlich die kunsttheoretischen Auffassungen Hoffmanns wieder. Bei der hier verfolgten Fragestellung versteht es sich von selbst, daß keine geschlossene Interpretation Stück für Stück benötigt wird, um die Wesenszüge des Verhältnisses von Kunst/Künstler und bürgerlicher Gesellschaft herauszuarbeiten. Für eine unterrichtliche Behandlung genügt es, aus dem gesamten Textmaterial – unter der besonderen Berücksichtigung von 4-5 Einzeltexten[4] – drei Momente herauszustellen: eine Skizze der bürgerlichen Gesellschaft aus Hoffmanns/Kreislers Sicht, die besondere Funktion der Musik als romantischste aller Künste und einige kulturkritische Folgerungen daraus.

In einer Art Einleitung stellt der Herausgeber der nachfolgenden Schriften den Kapellmeister Johannes Kreisler und die Sammlung und Überlieferung seines Nachlasses durch seine Schülerin, ein Fräulein v. B., vor. Flüchtig wie seine Musik ist Kreislers Wesen. Man weiß weder, woher er stammt, noch wessen Schüler er war. Sein Amt als Kapellmeister soll er verloren haben, weil er mit der herrschenden Musikauffassung nicht einverstanden war. Gegen den affektierten Kunstbetrieb setzte er die Natürlichkeit, wie sie ihm im Gesang eines jungen Mädchens im Unterschied zur effekthascherischen Künstlichkeit der Opernstars erschien. Zerissen, ohne Harmonie, von Erscheinungen und Träumen umgetrieben, auf der vergeblichen Suche nach Ruhe und Heiterkeit, den eigentlichen Voraussetzungen für künstlerische Produktivität, gleicht er einem Wahnsinnigen.

Die besondere Organisation seiner Natur hat einem Höchstmaß an Phantasie zu wenig Phlegma beigemischt, so daß sich nichts konsolidert, sondern sich alles unter seinen Händen auflöst. Seiner Kompo-

4 Im Unterricht genügt die Behandlung folgender Stücke: Einleitung (1); Johannes Kreisler, des Kapellmeisters, musikalische Leiden (2); Ombra adorata (3); Gedanken über den hohen Wert der Musik (4); Nachricht von einem gebildeten jungen Mann (5). Da bei Hoffmann sehr unterschiedliche Ausgaben auf dem Markt sind, wird nach einzelnen Stücken mit den hier angegebenen Ziffern unmittelbar im Text zitiert.

sitionen, die er entweder gar nicht fixiert oder bald vernichtet, kann man deswegen ebensowenig habhaft werden wie seiner Person, die eines Tages durch das Stadttor auf Nimmerwiedersehen ins Unbekannte entschwindet.

Damit sind eigentlich alle Themen der nachfolgenden Texte angeschlagen. Sie brauchen im nachfolgenden nur exemplarisch vertieft zu werden.

1. Die bürgerliche Gesellschaft

Das Bild der Gesellschaft wird – im beachtenswerten Doppelsinn des Wortes – vor allem in der vierteljährigen (routinehaften) Abendgesellschaft beim Geheimen Rat Röderlein entworfen. Alltagsgeschwätz, Tee, Punsch, Wein, Gefrorenes und etwas Musik, das sind die Ingredienzien der banalen Situation. Der ältere und solidere Teil der Gesellschaft spielt Karten, wo es wenigstens noch um Gewinn und Verlust geht – spielerische Wiederholung ihres Geschäftslebens –, der jüngere widmet sich der zweckfreien Kunst. Kunstausübend ist vor allem das weibliche Geschlecht, das nach langem Zieren – die Unbürgerlichkeit der Kunst unterstreichend – trotz völliger Unmusikalität dem Gesang huldigt. Dazwischen hört man das Reizen vom Kartentisch und andere Nebengeräusche. Für Kreisler ist diese bürgerliche Gesellschaft die Hölle. Seine hohe Kunstauffassung verlangt Begeisterung, Konzentration, Hingabe, Ruhe und Sammlung auf das Werk. Und während er sich, zum Spielen aufgefordert, in Bachs Goldberg-Variationen versenkt, läuft die „musikbeflissene" Gesellschaft vor Langeweile davon.

Musik ist in der bürgerlichen Gesellschaft nur Unterhaltung und Zerstreuung. Diesem Ziel dient auch die musische Erziehung vor allem der Mädchen. Im Vordergrund aller Erziehung steht nämlich – als eine wahre „Geistesdiät" (4) – eine Erziehung für das Nützliche. Die nach Geschlechterrollen getrennte soziale Welt, die in einen Arbeits- und in einen häuslichen Bereich zerfällt, bestimmt die Kunst für den letzteren. Kunst liegt in der Obhut der Frauen, hat Entspannungsfunktion und soll von den ernsten Geschäften in Beruf und Politik ablenken, um den Mann danach mit doppelter Kraft und Aufmerksamkeit in den eigentlichen Zweck seines Daseins, in die „Walkmühle des Staats" (4), zu entlassen.

Vorrang hat die zweckrational organisierte Wirklichkeit. Der Zweck der Kunst ist ein sekundärer. Für sich selbst hat sie keinen. So erscheint auch die Nichte Röderleins, ein Aschenputtel mit einer natürlichen Musikalität wie eine Nachtigall, als „unbrauchbar für eine höhere Existenz" (2) im Sinne der Gesellschaft. Gleichwohl bleibt Kreisler nur ihretwegen im Röderleinschen Hause. Überhaupt findet er für seine Kunstbegeisterung und den wahren Sinn seiner Musik nur ernsthaft Gehör bei den Außenseitern und bei den „gemeinen Leuten" (2). Die Kunst ist vor allem den Armen zugänglich, wie etwa Röderleins Diener Gottlieb, der ein tiefes Talent ist und begeistert Violine spielt.

Auch die Künstler kommen fast alle aus der „ärmeren Klasse" (4), ja es macht sie gerade „der Mangel an Aussicht auf ein Glück in den eigentlich nützlichen Klassen zu dem, was sie wurden" (4). Die Armut, wie sie hier verstanden wird, ist nicht die eines ökonomischen Klassenbewußtseins, sondern die einer existentiellen Erfahrung. Sie ist bei Hoffmann die unmittelbare Auslieferung an das Leben ohne den Schutz gesellschaftlicher Konventionen und Privilegien. Gerade dadurch wird sie Motor einer Erhebung über das Gemeine und die gesellschaftliche Künstlichkeit zugleich und produziert menschliche Lebens- und Glückvorstellungen, die dem Spießer in seiner konsumhaften Befriedigung und in der Zerstreuung seines Alltags noch nicht einmal mehr als Wunsch erfahrbar sind. Auch Kreislers Kunst ist aus dieser Armut geboren. Und er bleibt in der bürgerlichen Gesellschaft in dem Dilemma, sich in der Gesellschaft – etwa durch Stundengeben – sein Brot verdienen und zugleich Begeisterung und Überstieg über diese Gesellschaft leisten zu müssen. Der Alkohol, dem er zuspricht, ist ein Signum für diesen Zwiespalt.

2. Die Musik

Der Musik kommt bei der Erhebung über die konkrete Gesellschaft eine besondere Funktion zu. Sie ist gegen die Welt des vordergründigen Nutzens das Zweckfreie, Wunderbare, Geheimnisvolle. Sie ist reiner Ausfluß des Gemüts und damit der Natur nahe. Als göttliche Kraft wohnt sie in der Brust des Menschen, verklärt sein Leben und drückt am reinsten die Hoffnung auf eine höhere Welt aus. Allerdings verlangt sie ein kindlich-frommes Gemüt und kein von gesellschaftlichen Verhaltensweisen verbildetes und auf Nützlichkeit hin orientiertes, in einer Erziehung zur „Geistesdiät" verstelltes Gemüt.

Die Musik hat in dieser Funktion einer begeisternden Erhebung vor allen anderen Künsten den Vorrang. In satirisch-ironischem Ton, mit dem Hoffmann den Bamberger Kunstbetrieb geißelt, wird in den „Gedanken über den hohen Wert der Musik" zunächst die Musik von der Dichtung und vom Bild in ihrer Wirkung abgegrenzt. Hat Dichtung das „Unangenehme, daß man gewissermaßen genötigt wird, an das zu denken, was man liest" (4), und zerstreuen Bilder nur kurz, weil sie in eins und zumal zu erfassen sind, so ist die inhaltslose Musik bequem als Hintergrund für Gespräche und häusliche Verrichtungen geeignet, hat nichts Störendes, sondern zerstreut als angenehmes, kontinuierliches melodisches Geplätscher. Außerdem, so fährt der Satiriker fort, ist Musik auch moralisch und politisch ungefährlich. Da sie nichts enthält, enthält sie auch keine Kritik an Staat, Religion und guter Sitte.

Was in dieser Weise die bürgerliche Konsumtion der Musik ermöglicht, ist aber zugleich auch ihr wahres, romantisches Wesen. Musik ist in der Tat ein Zeichensystem, dessen einzelne Zeichen nichts bedeuten, darin hat das bürgerliche Verständnis recht. Da der einzelne Ton nichts bedeutet – im Unterschied zum Wort, als dem Zeichenelement der Dichtung –, ist er auch völlig frei kombinierbar. Die unendliche Kombinationsmöglichkeit von Tönen wird am deutlichsten in der Improvisation sichtbar, die Kreisler liebt, und in der sich das Wesen der Musik, ihr flüchtiger, nie in erstarrter Bedeutung zu vereinnahmender Charakter ausdrückt. Das Bild hat – jedenfalls damals – ein Vorbild, das es abbildet. Das Wort bedeutet und gibt in der Kombination geistige Zusammenhänge, die ebenfalls sinnhaft und damit begrenzt und abgeschlossen sind. Nur die Musik verflüchtigt alle Beziehungen zur Realität, hebt sie auf, entwirklicht die Wirklichkeit. Das macht sie für ihre Entspannungs- und Zerstreuungsfunktion so brauchbar, jedenfalls dort, wo nicht gesehen wird, daß man gerade auch diese inhaltliche „Bedeutungslosigkeit" selbst symbolisch verstehen muß: als Widerspiegelung des Unendlichen und Höheren.

Das Problem in einer götterlosen Welt, um die es sich hier handelt, ist, wie in ihr dieses Höhere und Unendliche anwesend sein kann, so daß der Mensch zum Transzendieren seiner gesellschaftlichen Bedingung aufgerufen wird. Das Unendliche ist bei Hoffmann anwesend in der Natur und in der ewigen Bewegung des Lebens selbst. Nur wird es da von den Menschen kaum noch erfahren (höchstens von den Armen), da die soziale Künstlichkeit Natur und Leben überlagert. So muß es symbolisch sinnfällig gemacht werden. Das eben leistet die Musik. Jede zeichenhafte Darstellung des Unendlichen aber unterliegt der Gefahr, durch seine Bedeutung das Unendliche einzuschränken und damit dogmatisch zu verfälschen. Erst eine primär bedeutungslose Kunst und eine Kunst potentieller Unabgeschlossenheit (Improvisation) stellt das Unendliche selbst in dieser Welt dar. Macht sich die Romantik zur Aufgabe, die irdische Sinnverfestigung in bürgerlichen Normen aufzuheben, dann ist die Musik die romantischste aller Künste. Sie läßt den Menschen „sein höheres Prinzip ahnen und führ(t) ihn aus dem törichten Tun und Treiben des gemeinen Lebens in den Isistempel, wo die Natur in heiligen, nie gekannten und doch verständlichen Lauten" (4) mit ihm spricht.

Ist dieses Musikverständnis eins mit dem von Natur und Leben, dann wird klar, warum Kreisler sich gegen alles gekünstelte Virtuosentum, gegen Effekthascherei und mechanistische Aufführungspraktiken zur Wehr setzt und der Natürlichkeit in der Musik den Vorrang gibt.

Das Höchste aber erreicht die Musik im Gesang. Er verwundet Kreisler/Hoffmann am tiefsten, weil Musik im Gesang an die irdische Vergänglichkeit und Begrenztheit des Menschen und die eingeschränkte Bedeutungshaftigkeit des Wortes gebunden ist. In dieser Bindung zeigt sich am mächtigsten die Kraft ihrer begeisternden Überwindung aller Einschränkung des Unendlichen. Die innere Dynamik der Musik verdeutlicht so die schmerzhafte, unsägliche Spannung zwischen Endlichem und Unendlichem, die man Sehnsucht nennt. Erklingende Musik ist nicht selbst schon Unendlichkeit, sondern deren symbolische Darstellung, ist Zeichen einer irdischen Sehnsucht nach ihr. Sie bleibt an die Basis dieser Welt – im Gesang an Mensch und Wort – gebunden, führt aber ihre Bedingungen zugleich über sich hinaus, erhebt sie, entgrenzt Wort und Mensch, so daß – etwa in der Oper – der Text nicht mehr als Text, sondern als Musik und die menschliche Stimme als „Instrument" gehört werden.

Künstler haben in dieser Überhebung über das Wirkliche eine Ähnlichkeit mit Irren, die sich als Kaiser oder Könige fühlen. Sie gleichen den Wahnsinnigen, die in der bürgerlichen Normalität nicht festzuhalten sind. Sie sind von der „Phantasie, die eigentlich der schlimmste und mit aller Macht zu ertötende Teil unserer Erbsünde" (4) ist, befallen, untergeordnete Subjekte also, die keinen vernünftigen Zwecken – oder was man so nennt – dienen, wie Kanzlisten oder Handwerker, und sind dennoch notwendig, soll das Unendliche auch in dieser Welt aufscheinen und soll die „ärmere Klasse", soll der Mensch überhaupt eine Verheißung über das Spießertum hinaus haben.

3. Die Kulturkritik

Musik als Symbol des Unendlichen und des Lebens muß ihre Energien gegen jede Erstarrung und Fixierung der sozialen Welt richten. Kreisler wird daher in seiner „Nachricht von einem gebildeten jungen Mann" aus dem Geist romantischer Musik zum allgemeinen Kulturkritiker.

Kultur wird als Verfestigung gesehen, als Einschränkung und inhaltliche Beschränkung. Und so wählt Hoffmann einen gebildeten Affen aus, um den Kontrast zwischen Natur und Kultur anschaulich zu machen. Im Schreiben Milos, eben dieses Affen, an seine Freundin Pipi, das Kreisler nach Amerika (!) expedieren soll, werden Wissenschaft und Kunst in ihrer bürgerlichen Ausprägung karikiert.

Milos Bildung – Sprechen, Schreiben, Lesen und Musizieren – hat ihn zu einer inneren Selbstzufriedenheit geführt, die ihn nun voll Verachtung auf seine ursprüngliche Natur zurückblicken läßt. Die Eindimensionalität der bürgerlichen Kultur und Gesellschaft, ihre geistige Saturiertheit und der Grundzug des Sich-selbst-genug-Seins (das ein anderes ist als das von der Prinzessin im „Tasso" geforderte) geben den eigentlichen Angriffspunkt für Kreisler ab. Sichtbares Zeichen dieser Kultur ist der Stiefel (mit all seinen möglichen Assoziationen), den Milo anziehen muß, der ihn aber so einengt, daß er nicht mehr entlaufen kann, so daß er von Jägern gefangen wird. In böser Dialektik wird die Gefangenschaft als Freiheit interpretiert. Und die Leichtigkeit des Kulturerwerbs ist mit dem Hinweis auf den angeborenen Nachahmungstrieb trefflich persifliert.

Kultur als Konformität, als Nachahmung dessen, was *man* vortrefflich findet, drückt die Selbstverfestigungsmechanismen der bürgerlichen Welt aus – eine äffische Welt der Imitation! Auch die Angst vor den neuen geistigen Gaben wird Milo rasch genommen. Die angelernte Phrase ersetzt den Gedanken, und die Künstlichkeit der kulturellen Welt prädestiniert ihn gerade für jene Gebiete, für die er keine natürliche Veranlagung hat (Gesang!). Es ist eine Welt der Verkehrung von Mittel und Zweck, wie sich das im Vorrang des Interpreten vor dem Komponisten, des Reproduzierenden vor dem eigentlichen Produzenten zeigt. Der Komponist gilt als untergeordnetes Subjekt, der nur die Vorlage für die Virtuosen zu liefern hat, wobei das Wie der Darbietung eindeutig vor das Was gerückt wird. Der Starkult deutet sich an und eine im 19. Jahrhundert bis heute zunehmende Rezeptionspraxis mit dem Vorrang formaler Beurteilungskriterien. Ist man denn schon kein produktiver Mensch, so soll man sich aber doch den Anschein eines solchen geben. Und damit ist das künstlerische Gebaren einbezogen in die Geschäftspraktiken, in denen zunehmend die Imagepflege wichtiger ist als die wirkliche Gebrauchswertproduktion. Ziel aller dieser Bestimmungen und der allgemeinen kulturellen Grundregel, nach der man alle Bestrebungen anderer ungeprüft verachten soll, ist die höchste Selbstzufriedenheit, jene unerschütterte Egozentrizität, die oben als Kennzeichen bürgerlicher Spießerwelt skizziert wurde.

Diese romantische Kulturkritik auf dem Boden einer enthusiastischen Kunstphilosophie ist – wie das Doppelgesicht der Musik (Zerstreuung *und* Symbol des Unendlichen), zeigt, ein Reflex auf die bürgerliche Welt. Zwar ist die wahre Kunst vom Bürger aus seiner Welt verbannt, dennoch ist der Künstler selbst noch in ihrer Überwindung an diese Bürgerlichkeit gebunden. Die Romantik steht auf bürgerlichem Boden. Die bürgerliche Welt ist eine immanente Welt, eine Welt der Eigengesetzlichkeit der Dinge. Es gibt keine Götter mehr, deren Wahrheit in die Wirklichkeit hineinzubringen ist. Es gibt auch keine konkrete Utopie, sondern nur die leere Unendlichkeit, die Sehnsucht nach Überwindung der Immanenz, wie sie durch die Musik sinnfällig wird. Verfestigte, selbstgenügsame Innerweltlichkeit und leere Unendlichkeit entsprechen einander. Die Transzendierung der bürgerlichen Welt, die Überhebung zum Höheren hin, das nur der Sehnsucht zugänglich ist, ist ein Privileg weniger, ein Fluch, eine Gnade. Sie gibt Begeisterung, aber auch die Isolation scheinbaren Wahnsinns, gibt eine Weihe, die die ästhetische Selbsterlösung an die Stelle gesellschaftlicher Veränderung setzt. Das Höhere selbst ist irreal, nur anzugehen aus dem Gemüt, aus dem tiefsten Gefühl als der Naturseite des Menschen, von welcher er sich aufzuschwingen vermag, wenn er vom Unendlichen ergriffen ist. Eine Zirkelsituation! Das Höhere ist daher an die Fähigkeit und zugleich an die Beliebigkeit seiner empfindsamen Subjektivität gebunden.

Buschs „Balduin Bählamm"

Das erste Bild in Wilhelm Buschs „Balduin Bählamm" zeigt eine schmale, von Arabesken umrankte Männerbüste. Der Kopf des Mannes ist leicht zurückgebogen und der Blick steil nach oben gewandt, wo ein Kranz aus Eichenlaub schwebt, dicht über ihm: erreichbar, unerreichbar[5]. Dies umreißt genau die Einsicht Buschs in das bürgerliche Schicksal des romantischen Dichters, wie er es in seiner Bildergeschichte von 1883 ironisiert. Aus der vom Künstler erfahrenen grundsätzlichen Spannung zwischen irdischer Selbstzufriedenheit und Unendlichkeit ist ein privater Wunsch nach immanenter Erfüllung, nach vertraulicher Zusammengehörigkeit von Alltäglichem und Höherem geworden. Die gesellschaftliche Basis der Romantik, das spießerhaft-philiströse Bürgertum, hat das Element der Sehnsucht, das antibürgerliche Streben nach Unendlichkeit, in dieser Geschichte auf seine eigenen Bedingungen zurückgestutzt und damit ganz in seinen eigenen Bestimmungsbereich hereingeholt. Dabei bleiben alle Topoi der Künstlerproblematik scheinbar erhalten: die zwei Welten, die Utopie des Schönen, das Transzendieren des Alltäglichen, die Beschäftigung mit dem Außergewöhnlichen, das Kommunikationsbedürfnis mit seiner Wirkabsicht in den Alltag hinein und die Liebessehnsucht.

---

5 Dieses Bild entspricht ironisch den Worten, die die Prinzessin im „Tasso" (V. 522 ff.) spricht: „So lern' auch diese Zweige tragen, die / Das Schönste sind was wir dir geben können. / Wem einmal würdig sie das Haupt berührt, / Dem schweben sie auf ewig um die Stirne."

Aber all dies ist hier auf der Basis eines platten bürgerlichen Materialismus und reiner Nützlichkeitserwägungen und von diesen kontrastiert dargestellt. Und so gibt Busch seinem Stück eine doppelte Perspektive. Einmal entwirft er im 1. Kapitel ironisch ein bürgerliches Dichterbild aus dem Gegensatz von bürgerlichem Alltag und scheinbar romantischem Dichtertum, verbunden mit einem konkreten bürgerlichen Nutzen von Kunst, zum anderen läßt er in den folgenden Kapiteln seinen „Helden" dieses Dichtertum aber nicht erreichen. Bählamm ist ein „verhinderter Dichter". Er will Dichter nach dem Leitbild des 1. Kapitels sein, aber die Realität hindert ihn daran. Wie und daß sie ihn hindert, karikiert noch einmal auf anderer Ebene das bürgerliche Dichterverständnis des 1. Kapitels.

Gleichwohl enthält die Geschichte – wenn auch überspitzt – im ironisierten Vorbild die Wesenszüge des Dichtungs- und Dichterverständnisses breiter Bürgerschichten in der zweiten Hälfte des 19. Jahrhunderts. Hier liegt eine Trivialisierung des romantischen Anspruchs, eine „Vermarktung" eines ehemaligen Wesensgegensatzes vor, der in der Analyse durch die kritische Brille Buschs zur geschichtlichen Erkenntnis gebracht werden kann.

Zweck des Dichtens, so hebt die Geschichte an, ist das Wohlbefinden des Menschen, ist seine Selbstzufriedenheit. Dieser Ansatz impliziert dreierlei: 1. ist damit offensichtlich, daß das bürgerliche Leben nicht mehr so zufrieden verläuft, wie es für die „Kreisleriana" charakteristisch zu sein schien. Unmittelbar anschließend wird denn auch ausgeführt, wie der Alltag durch Verdrießlichkeiten, Verlust an Freude, Mangel an Ehre, Liebe und Sorge um das tägliche Brot bestimmt ist[6] (S. 7). 2. geht das Wohlsein auf ein innerweltliches Befinden aus, und 3. ist der Begriff primär nicht aus einer geistig-seelischen Sphäre, sondern aus einer im weitesten Sinne physiologischen gewonnen. Romantischer Idealismus ist durch einen vulgären Materialismus abgelöst. Bürgerliche „Geistesdiät" hat selbst die „kummervoll(e)" (S. 7) Ziel- und Sinnlosigkeit des Daseins produziert, an der der Mensch jetzt leidet.

Dagegen setzt der Dichter eine andere Welt, die Welt der Schönheit, als quasi seelische Ergänzung der Alltagswelt. Ziel aber auch dieser Ergänzung bleibt das physiologische Wohlbefinden des durchschnittlichen Bürgers. So wird aus dem subjektiven, gleichwohl aber generellen Ansatz romantischer Sehnsucht, die auf Unendlichkeit zielte, hier der Versuch, eine private und damit unverbindliche Wunschwelt dem in seiner Alltäg-

---

6 Zitiert wird unter Angabe der Seitenzahlen im Text nach: Wilhelm Busch. Gesamtausgabe in vier Bänden. Hrsg. v. Friedrich Bohne, Wiesbaden o. J., Bd. IV.

lichkeit unfertigen Leben als Krönung aufzusetzen und sie illusionistisch zu komplettieren. Die Beliebigkeit der privaten Ergänzungswelt ist aber nur die genaue Entsprechung der privaten Ziellosigkeit im Alltag selbst. Und Busch bemüht sich, beide Seiten, platte, materialistische Nützlichkeitsideologie und scheinhafte Überhöhung, zugleich zu kritisieren.

So luftig und entrückt (und damit unsubstantiell) die Poetendimension auch ist, so ist der dichterische Produktionsvorgang auf diesem Luftschloß doch mit kritischer Absicht ganz in Analogie zu irdischen Produktionsvorgängen gesehen. Das Dichten wird mit dem Buttern verglichen (S. 8). Auch die Dichtung schöpft den Rahm des Lebens ab, bezieht sich nur auf das Schönste, Edelste, Wesentlichste, trennt das Gehaltvolle vom Dünnflüssigen und arbeitet das Ideale so heraus, daß es in „schmalziger" Verklärung des Wirklichen durchaus mit der Butterwälze – auch hinsichtlich der weichschmierigen Konsistenz – verglichen werden darf.

Der Vergleich des Dichtens mit ökonomischen Tätigkeiten ist ein weiterer Schritt bei der Inkorporierung des Dichters in die bürgerliche Welt. Dichten ist das „Zurechtdrücken" (S. 8) der Wirklichkeit nach den Bedürfnissen des eigenen Wohlseins, ist Selbstbefriedigung. Der Dichter ist in diesem Verstande nicht mehr der ewig Unzufriedene, den es über die Enge und Erstarrung der sozialen Welt hinauszieht, sondern der unter allen Bürgern zuerst Befriedigte. So wird er in der Karikatur von Wilhelm Busch zum bürgerlichen Vor-bild. Daraus erwächst auch jene Eitelkeit, die ebenfalls andere in den Genuß eines solchen kompletten Lebens bringen will. Allein, da es sich um ein Privatarrangement handelt, hat der Dichter Mühe, sich anderen mitzuteilen (S. 9). Er muß mit seinem Werk einen Freund „vergewaltigen", um wieder nur eine Selbstbestätigung zu erfahren. Schließlich verkauft er sein „Fabrikat" (S. 8) und sein „Kunstprodukt" (S. 9) an die „Morgenpost", so daß es weiteste Verbreitung findet. Mit dieser Kommerzialisierung ist sein letzter Schritt zum vollendeten Bürgersein getan. Auf der anderen Seite erfüllt seine Poesie erst ihr „Wesen" in der morgendlichen Konsumtion beim behaglich-wohligen Morgenkaffee mit knusprigen Brötchen und in trautem Familienkreise – gleichsam als wohlmundender Aufstrich. Hier wird in Analogie zur Nahrungsaufnahme und zum Verdauungsprozeß der physiologische Charakter der Poesie noch einmal sinnfällig (S. 9). Sie ist eine Seelennahrung, die analog und komplementär zur kräftigenden leiblichen Nahrung „das ganze Wesen" „durchweicht" (S. 9).

Der Erfolg eines solch leib-seelischen Wohlbefindens kann dann auch nicht lange auf sich warten lassen. Der Dichter findet Erfüllung seiner Liebessehnsucht durch Laura (!), die ihn vergötternde Frau (S. 10).

Vom 2. Kapitel bis zum Schluß wird dann die Geschichte des Schreibers Balduin Bählamm erzählt, dem es nicht gelingt, sich diese private

Idealwelt zu schaffen. Das liegt einmal daran, daß es ihm relativ gut im täglichen Leben geht, zum anderen aber an der eigentümlichen Organisation der Wirklichkeit, die sein Dichtertum verhindert. Da einmal der innere Antrieb und die Notwendigkeit zum Dichten zu gering ist, geht er sein Vorhaben, „Sein Glück noch weiter auszudehnen" (S. 11) über Äußerlichkeiten an. Es muß der rechte Ort, die rechte Zeit oder die entsprechende Kleidung sein, die ihn inspirieren sollen. Aber sowohl die häusliche Situation (4 Kinder, Schusterrechnung) noch die nähere Umgebung (Parkbank, Wirtshausgarten) sind seinem Unternehmen hold.

Den poetischen Klischees entsprechend, kann ihn da nur noch die Natur retten. Sie nimmt sich von der Ferne auch friedlich und poetisch aus. Kommt er aber in seinem Sommeridyll mit ihr in konkrete Berührung, so wird er hart mit einer unpoetischen Realität konfrontiert. Ob es die Kuh ist, die durch unmittelbare Nähe stört, oder ein Knabenstreich, ob ein Vogel sein „Poesiealbum" verunziert oder Krischan mit der Sense mitten im Regen seinen Schirm aufschlitzt, immer zeigt sich die Wirklichkeit anders, als der Dichter sie sich träumte. Das wird besonders in seiner Liebesaffäre mit Rieke Mistelfink deutlich, die mit einer Ohrfeige beginnt und mit einem strafenden Scherz endet.

Daß das alles nicht ganz so harmlos ist, zeigt gerade an dieser Stelle ein Exkurs in die Darstellungsweise positivistischer Wissenschaft, mit deren Hilfe die emotionale Qualität der Ohrfeige versachlicht und für einen besonnenen Beobachter abgebaut werden soll (S. 52):

Hier strotzt die Backe voller Saft;
Da hängt die Hand, gefüllt mit Kraft.
Die Kraft, infolge von Erregung,
Verwandelt sich in Schwungbewegung.
Bewegung, die in schnellem Blitze
Zur Backe eilt, wird hier zur Hitze.
Die Hitze aber, durch Entzündung
Der Nerven, brennt als Schmerzempfindung
Bis in den tiefsten Seelenkern,
Und dies Gefühl hat keiner gern.

Ohrfeige heißt man diese Handlung,
Der Forscher nennt es Kraftverwandlung.

Der Weg der Naturwissenschaften, mit der Wirklichkeit fertig zu werden, ist im Unterschied zur poetischen Überhöhung der der analytischen Zergliederung. In alle Einzelelemente und -kräfte auseinandergenommen, hat der Vorgang keinen Erkenntnissinn mehr. Das zeigt sich auch darin, daß Bählamm unmittelbar nach dieser Passage sich durch Rieke in jene Situation hineinziehen läßt, aus der er als begossener Pudel herauskommt. Hier deutet sich Buschs Doppelkritik an: Sie richtet sich gegen die Überhöhung des Lebens im privaten Wunschtraum und gegen die Zergliederung der Realität zu Erkenntnisbruchstücken ohne Zusammenhang. Daß er sich als Künstler zunächst mehr gegen das Pseudokünstlertum seiner Zeit wendet und die in Einzelfakten zerfallende Realität dagegen ausspielt, sollte angesichts der Stelle nicht über die kritische, wenn auch pessimistisch-ausweglose Sicht auf das zu seiner Zeit herrschende Realitätsverständnis hinwegtäuschen.

Lebt die Poesie vom Schmerz, so ist Zahnschmerz doch eine Wirklichkeitserfahrung, die allem Lyrischen entgegensteht. Zwar merkt Busch ironisch an, welch konzentrierende, realitätsüberwindende Kraft (S. 60 f.) von solchem Schmerz ausgeht, aber als der Zahn nicht gezogen werden kann und „Die Backe schwillt. – Die Träne quillt." (S. 67), hat ihn die Erde wieder, d. h., beschließt er die Rückkehr, um dann nach einem letzten Mißgeschick mit einem fremden Baby als Mitbringsel zu Hause anzukommen. Zum Glück klärt sich alles auf, und er entsinkt, von seiner Gattin zugedeckt, in den Träumen seines Dichtertums. „Auf rosenrotem Duftgewölke" (S. 76) schwebt eine „Flügeldame" (S. 76) auf ihn nieder und will ihn emporziehen, während Realität und Familie ihn zurückhalten und die lockende Dame sich in eine hohnmeckernde Ziege verwandelt hat. Kommentarlos geht Bählamm nun wieder wie eh und je ins Büro – in einer anderen Art Zufriedenheit?

Die böse Kritik am Versuch, die Wirklichkeit zu transzendieren, die Entlarvung des Höheren als meckernde Ziege, die Bloßlegung der Bemühungen Bählamms als eitler Traum, kurz: die permanenten Signale einer nicht ungestraft zu übersehenden Wirklichkeit machen Buschs kritischen und schadenfrohen Realismus aus. Das liegt vor allem daran, daß die Realität in dieser Geschichte nur als störendes Element erscheint, als Tücke des Objekts, nicht als sinnhafter, verstehbarer und vielleicht auch änderbarer Zusammenhang. Die positivistisch-materialistisch verkürzte Wirklichkeit wird – pessimistisch zwar – von Busch akzeptiert und erlaubt nur die Schadenfreude am menschlichen Scheitern bei jeder Art von Überheblichkeit. Die Dinge haben ihre Eigengesetzlichkeit. Die wissenschaftliche Destruktion sinnvoller, tradierter sozialer Zusammenhänge nimmt ihren Lauf. Jede Überhebung wird mit Notwendigkeit vom Mißgeschick begleitet und als irreal erkennbar. D. h. aber, daß Busch die Realität zwar negativ sieht, aber doch zugleich als schicksalhaft gegeben annimmt. Ihr Charakter besteht in der Widerständigkeit gegen alle menschlichen Träume, in purer Faktizität. Das macht erst Buschs meist bösartigen Humor möglich.

Die widerwillige Rechtfertigung dieser puren Faktizität nimmt hin, daß die Welt im „Balduin Bählamm" in eine Fülle von Einzelmomenten zerfallen ist, und gibt es auf, nach dem Zusammenhang zu fragen. Damit aber entwertet sie jedes Transzendieren und begreift die Wirklichkeit als einen Tummelplatz sich verselbständigender Objekte. Erst ohne Zusammenhang, ohne Sinneinheit können diese jene Tücke entfalten, jenes gleichsam selbständige Handeln, das Bählamm immer wieder von seinem philiströsen Dichtertum abbringt. Zugleich macht die Tücke des Objekts den immanenten Charakter – und das ist eine Ironie höheren Grades – von Bählamms Dichtungsversuchen *und* Buschs eigenem Werk deutlich. Auf der Basis einer auf Stirner und Schopenhauer fußenden Wirklichkeitsauffassung bleibt Busch nur eine hämische Dichtung. Sie ist in ihrer Auslieferung an die Fatalität des Wirklichkeitszerfalls selbst bürgerlich, treibt aber indirekt die bürgerliche Wirklichkeitsauffassung so auf die Spitze, daß sie selbst – obwohl auf ihrem Boden stehend – deren Immanenz beim kritischen Leser in Frage stellt und den Enthumanisierungsprozeß, in den Buschs Schaffen eingebettet ist, geschichtlich verstehbar macht[7]. Die Herrschaft der isolierten Objekte, der Sachzwang ohne jede Form der Transzendenz können daher als historisch bedingt und damit als veränderungwürdig erkannt werden.

Wedekinds „Der Kammersänger"

Erste Zusammenhänge zwischen Kunst und Kommerz zeigten sich in der von Hoffmann kritisierten Umwertung von künstlerischer Produktion und Reproduktion, wobei sich durch das vorgetäuschte Komponisten-Image der Publikums- und Geschäftswert des virtuosen Künstlers noch erhöhte. Sie zeigten sich auch im Verkauf und in der publizistischen Verbreitung poetischer Seelenprodukte im 1. Kapitel von Buschs „Balduin Bählamm". Die totale Vermarktung der Kunst am Ende des 19. Jahrhunderts ist nun Thema von Wedekinds „Kammersänger".

Der „Zusammenstoß zwischen einer brutalen Intelligenz und verschiedenen blinden Leidenschaften", wie Wedekind sein Stück selbst im Vorwort charakterisiert, entlarvt den kapitalistischen Grundzug der spätbürgerlichen Kunstszene. Die Zweiweltenthese ist in diesem Stück auf perfide Art neu formuliert. Hebt sich die Kunst von der Wirklichkeit durch ihren idealen Charakter scheinbar völlig ab, so daß in der Hinwendung zu ihr und zu ihren Repräsentanten, hier zum berühmten Wagnertenor Gerardo (36), eine neue Dimension erreichbar scheint, so ist sie in Wirklichkeit fest mit der bürgerlichen Alltagswelt verbunden, ja mit ihr identisch. Wie in dieser ökonomischen Alltagswelt herrschen auch im Kunstbereich die

7 Hierzu besonders: Heidemarie Kesselmann: Wilhelm Buschs Auseinandersetzung mit dem Wilhelminischen Bürgertum. In: Diskussion Deutsch, 1979, Heft 45.

„brutalen" kapitalistischen Gesetze. Das idealistische Image ist nur die Voraussetzung der ökonomischen Verwertbarkeit von Kunst, und beide wiederum sind streng von einem leidenschaftlichen Kunstwollen und einer außerökonomischen Menschlichkeit getrennt, so daß deren Leidenschaft als blind erscheint.

Im „Kammersänger" entfaltet sich diese Problematik in drei Episoden. Das Stück spielt im Hotelzimmer Gerardos, der nach erfolgreicher „Tannhäuser"-Aufführung im Aufbruch begriffen ist, um in Brüssel den Tristan zu singen. Strenge Anordnungen, nicht gestört zu werden, sollen dem begehrten Star die Möglichkeit zu einer routinemäßigen Rekapitulation seiner nächsten Rolle ermöglichen, die er fast vergessen hat. Dennoch wird er laufend gestört, was deutlich zeigt, wie auch sein Privatleben vom Kunstgeschäft vereinnahmt wird. Blumen und Liebesbriefe seiner zahlreichen Verehrerinnen werden gebracht, aber von ihm gleichgültig zur Kenntnis genommen.

Schließlich entdeckt er hinter den Vorhängen die sechzehnjährige Miss Coeurne, die sich ihm als glühende Verehrerin mit einem Strauß roter Rosen anträgt. Sie verwechselt – ganz im Sinne bürgerlicher Kunstauffassung – den Darsteller mit seinen Rollen, zu blind dafür, die Illusionserzeugung der Kunst zu durchschauen. Nun muß sie sich von Gerardo aufklären lassen, daß seine persönliche Faszination zu seinen Berufspflichten gehört, daß er im Geschäftsinteresse eines wirtschaftlichen Opernunternehmens gerade auch als Person, als Star, zu wirken habe. Der kommerzielle Kunstmarkt hat sich auf die bürgerliche Kunstauffassung eingelassen und sie potenziert, auf die Ansicht nämlich, daß sich Kunst vor allem durch das Wie ihrer Darbietung und Aufführung, also durch Personen und Effekte, dem Publikum vermittelt, nicht aber durch das Was ihres Gehalts. Es ist daher auch nicht von ungefähr, daß Wedekind den Opernbetrieb für seine Aussage als Beispiel ausgesucht hat. Blumen und Briefe, ja Miss Coeurne's Verhalten selbst entspringen diesem Geschäftskalkül.

Um Miss Coeurne loszuwerden, weist Gerardo geschäftsmäßig auf das gleiche Recht aller anderen Mädchen (etwa 300) hin, die ihn auf der Bühne gesehen hätten, und beweist damit der jungen Engländerin schon die zeitliche Absurdität ihres Wunsches. Schließlich benutzt er in blanker Ironie das Image der Kunst von einer höheren Welt, vom Bereich der Meister, in deren Hand er nur ein Werkzeug sei, von der Auffassung, daß Kunst als „keusche Göttin"[8] (4) über allem Irdischen schwebe, kurz das phraseologische Pendant zur Geschäftsseite, um Miss Coeurne, indem er sie an diese

8 Zitiert wird durch Angabe der Auftritt im Text nach: Frank Wedekind, Prosa, Dramen, Verse, München o. J.

erhabene Seite verweist, loszuwerden. Das „wahre Wesen" der Kunst offenbart dabei seine Irrealität und bekommt lediglich Abwehrfunktion.

Was es bedeutet, wenn die Kunst ganz dem wirtschaftlichen Marktgeschehen unterworfen wird, während man ideologisch an ihrem hohen, weltabgewandten, realitätsübersteigenden Wesen festhält, zeigt sich im Gespräch Gerardos mit Professor Dühring, einem siebzigjährigen Komponisten. Dühring hat den Hoteldiener nach vergeblichen und demütigenden Versuchen nun endlich überlistet und tritt mit der Bitte bei Gerardo ein, dieser solle die Hauptrolle in seiner neuen Oper singen. Dühring ist Idealist. Fünfzig Jahre seines Lebens hat er der Kunst geopfert, ist er blind jener höheren Macht, jener „himmlischen Tyrannei" (7) dienstbar gewesen, aber ohne Erfolg. Am Ende seines Lebens, zu alt zum Selbstmord, hat er etwas von den Erfolgsmechanismen der Welt durchschaut, ohne sich selbst aber ihnen anpassen zu können oder zu wollen.

Die Vergeblichkeit, mit der er seine Werke angeboten hat, die jeweils freundliche Versicherung, seine Kompositionen prüfen zu wollen (die auch Gerardo äußert), ohne daß er je positiven Bescheid erfuhr, läßt ihn erkennen, daß nur marktkonforme Maßnahmen eine Aufführung seiner Oper durchsetzen können. So muß er Gerardo, den populären Opernstar, überreden, seine Hauptrolle zu singen. Denn bei der allgemeinen Verkehrung der Einschätzung von produktiver und reproduktiver Kunst ist – wie die Eingangsszenen schon deutlich zeigten – Gerardo eine Macht im Kulturbetrieb.

Aber gerade mit dieser Annahme zeigt Dühring, daß er sich noch von einzelnen äußeren Erscheinungsbildern blenden läßt und die wahre Gesetzlichkeit des Marktes eben doch nicht voll erkannt hat. Im Marktgeschehen sind nämlich alle personalen Freiheiten aufgehoben. Gerardo als Star ist völlig eingebunden in die Bedürfnisse des Marktes. Die Vermarktung wird durch die permanente Zeitknappheit verdeutlicht. Sein Leben ist total verplant. Er ist nicht mehr sein eigener Herr, hat keine Entscheidungsfreiheit, sondern muß tun, was sein Impressario, der Marktaugur, von ihm verlangt. So kann er Dühring gar nicht helfen, denn er darf seinen eigenen Marktwert nicht dadurch herabsetzen, daß er eine unbekannte Rolle singt. Vielmehr könnte er den „Hermann" nur singen, wenn Dühring zuvor sich bereits auf dem Markt durchgesetzt hätte. Die Irrationalität des Marktes besteht in dieser Zirkelstruktur: ohne Übernahme der Rolle durch einen Star gibt es keine Aufführung, ohne vorherigeAnerkennung des Komponisten durch den Markt keine Übernahme der Rolle.

Argumente zählen nicht. Weder die positiven Urteile von Liszt, Wagner und Rubinstein, noch Dührings mögliches Genie sind hilfreich. Überhaupt hat es unter diesen Bedingungen ein lebender Künstler, wenn er ganz der Kunst und nicht der modischen Zeitströmung hingegeben ist, schwer, sich durchzusetzen. Die Nationaltheater graben lieber „Leichen“ (7) aus – was Dühring zum Schluß doch noch mit der Hoffnung auf eine Aufführung nach seinem Tode entläßt –, oder es werden modische Komponisten gefragt, Philisterseelen und Musikköche, von denen Dühring meint, daß sie vor „lauter sublimer Technik mit zwanzig Jahren steril, impotent geworden“ (7) seien.

Gerardo dagegen akzeptiert die bürgerliche Spaltung in Werkaussage und Aufführungswirkung. Er empfiehlt Dühring, weniger Zeit und Kraft in seine Produktionen zu investieren. Er solle lieber seine Musik aus den Werken der Vorläufer zusammenstehlen, dafür aber mehr Energien auf die Durchsetzung von Aufführungen verwenden. Die schon mehrfach beobachtete Verkehrung von Mittel und Zweck ist hier zur conditio sine qua non des wirtschaftlichen Erfolges entlarvt. Aber Dühring will nichts vom Geschrei und Schacher des Markts wissen, und insofern ist sein Ansinnen an Gerardo eigentlich eine Zumutung. Möchte er sich ganz seiner reinen Aufgabe erhalten, so muß sein hoher Kunstsinn sich belehren lassen, daß er einer kapitalistischen Wirtschaft nicht dienlich ist und daher eigentlich die Erfolglosigkeit auch nicht bejammern sollte. Künstler, so führt Gerardo aus, sind „Luxusartikel der Bourgeoisie“ (7), sie haben ihren Marktwert, solange sie dem Markt dienlich sind. Das Publikum ist nicht am Werk, sondern am Star interessiert und daran, sich sehen zu lassen. Es will Unterhaltung und Sensation. Hingabe an das Werk würde langweilen. Aber nur über diese Einstellung des Publikums käme der wirtschaftliche Effekt der Kunst zustande und Geld in der Gesellschaft durch Kunst in Umlauf:

> „Wenn man mich mit einer halben Million bezahlt, so setze ich dafür eine Legion von Droschkenkutschern, von Schriftstellern (!), von Putzmacherinnen, von Blumenzüchtern, von Bierwirten in Brot. Das Geld kommt in Umlauf. Das Blut kommt in Umlauf. Die jungen Mädchen verloben sich, die alten Jungfern verheiraten sich, die Gattinnen fallen dem Hausfreund zum Opfer, und die Großmütter bekommen eine Unmenge Stoff zum Klatschen. Unglücksfälle und Verbrechen geschehen. An der Kasse wird ein Kind totgetreten, einer Dame wird das Portemonnaie gestohlen, ein Herr im Theater wird vom Wahnsinn befallen. Dadurch verdienen die Ärzte, die Advokaten . . .“ (7)

Der Maßstab für die Bedeutung des Menschen ist der Erfolg auf dem Markt, nicht seine Überzeugung, seine moralische Qualität oder sein Genie. Die Welt urteilt nach seiner Brauchbarkeit hinsichtlich der Ankurbelung der Wirtschaft. Nur unter diesem Aspekt ist Kunst interessant. So ist der Markt die einzige Öffentlichkeit und das sicherste Kriterium, das jeden in seiner eigenen Nützlichkeit entdeckt und mit Erfolg oder Mißerfolg auszeichnet. Verkannte Genies gibt es nicht. Auch Gerardo ist als Tapezierer zum Wagnersänger entdeckt worden. Der Markt ist das Schicksal.

In der Auslieferung an ein so unbeeinflußbares und darum unmenschliches, gleichsam objektives Geschehen, wie es der Markt darstellt, nimmt die Brutalisierung Gerardos nicht wunder. Die letzte Episode mit Helene Marowa bringt diese Inhumanität zur Sprache. Sie ist auf den Gegensatz von echtem Liebesgefühl und beruflichem Kontrakt gestellt und offenbart die Zerstörung alles Privaten durch die berufliche Vermarktung.

Wie das ganze Stück, so steht besonders dieser letzte Teil unter großem Zeitdruck. Gerardos Zug nach Brüssel geht in wenigen Minuten. Helene Marowa, die schönste Frau der Stadt, Mutter zweier Kinder, ist zu ihm vorgedrungen, um von ihm mitgenommen zu werden oder Selbstmord zu machen. Eine große Leidenschaft bindet sie an Gerardo, den sie als den einzigen überlegenen Menschen anerkennt. Aber Gerardo kann sie nicht mitnehmen. Er ist laut Kontrakt verpflichtet, ehelos zu bleiben und darf auch nicht in Begleitung von Damen reisen, um sein publikumswirksames Image eines Frauenhelden nicht zu verlieren.

Für ihn war die Affäre mit Helene eine der üblichen. Gefühle, so hatte er ihr gesagt, sollten aus dem Spiel bleiben. Aber Helene ist keine der üblichen Verehrerinnen. Sie hat den Zugang zu ihm über die Kunst nur als Mittel benutzt, um an ihn als Menschen heranzukommen. Damit hat sie die Kunst nur taktisch, gleichfalls – wie die Geschäftswelt – nur als Mittel, aber hier gegen Gerardo selbst benutzt. Gerardo aber ist der Gefangene seines Berufsbildes. Er kann nur noch stereotyp auf die weiblichen Angebote reagieren, sieht bei den einzelnen Personen keine Unterschiede mehr und darf auch für sich selbst keine wahrhaben. Er erklärt Helene sein Dilemma: Würde er sie, die er nicht liebt, nicht empfangen haben, erschiene er als Weiberfeind, würde er sich ihrem Angebot gegenüber verständnislos gezeigt haben, gliche er einem Dummkopf, und hätte er ihr – wie Miss Coeurne – die Wahrheit über seine Amouren und „Empfindungen" gesagt, seine beruflichen Verpflichtungen zu ihnen, wäre ihm in der gekränkten Helene eine Feindin erstanden. Alle Möglichkeiten hätten seinem Ruf geschadet. Die Konsequenz des Systems entlarvt sich zunehmend im Grotesken.

So hat er auch kein Verständnis für Helenes Selbstmorddrohung. Liebe ist ihm eine bürgerliche Tugend (womit er auf den Unterschied zwischen früh- und spätbürgerlicher Situation aufmerksam macht) und wie die Kunstauffassung Dührings höchstens ein Störfaktor in der Konsumwelt. Als Helene sich dann wirklich erschießt, gilt sein erster Gedanke seiner beruflichen Situation. Er steht vor der Frage, entweder als Unmensch (wenn er abreist) oder als kontraktbrüchig (wenn er bleibt) zu erscheinen. In wenigen Minuten geht sein Zug. Er ruft nach der Polizei und wünscht sich eine Verhaftung, weil allein höhere Gewalt Kontraktbruch rechtfertigen und Unmenschlichkeit verhindern kann. Die groteske Pointe des

Dramas findet ihren Gipfel darin, daß kein Schutzmann zu finden ist. Gerardo läßt die Leiche fallen, geht ab und muß als Ironie auf den Tod einer leidenschaftlich Liebenden in Brüssel den Tristan singen.

Die bürgerliche Welt steht im „Kammersänger" nicht als Wirklichkeit einer höheren Kunstwelt gegenüber, sondern ist in ihrer kapitalistischen Ausprägung selbst scheinhaft (Image) durchsetzt. Kunst, die lange einer anderen, irrealen Welt zugeordnet wurde, einem Götterbereich, dem leeren Unendlichen, der Verklärung und dem Traum, ist in dieser Weise selbst ein ideales Element jeglicher konsumorientierten Vermarktung. Der Schein einer Gegenwelt wird im „Kammersänger" in diese Welt selbst hereingeholt und ihren Profitinteressen dienstbar gemacht. Der Kunstbetrieb lebt nur von diesem Schein. Er verkauft Schein ohne jegliche Qualitätsgesichtspunkte, wie das Gespräch mit Dühring zeigt. Und daher ist die Kunst exemplarischer, den Scheincharakter des Marktes entlarvender, grotesker Gegenstand für die erkenntnisorientierte Absicht Wedekinds. Die auf wahren, leidenschaftlichen Beziehungen beruhenden Verhaltensweisen, das Komponieren, das noch am Eigensein der Kunst orientiert ist, und die Liebe, die das personale Gegenüber kennt, werden in diesem Zusammenhang zu nichtssagenden, wirklichkeitsverkennenden Belanglosigkeiten, über die die Unmenschlichkeit des Marktes zur Tagesordnung übergeht.

Th. Manns „Tonio Kröger"

Fast gleichzeitig mit Wedekinds „Kammersänger" artikuliert Thomas Mann das Kunst/Künstlerproblem ebenfalls innerweltlich und auf nur einer Bezugsebene. Allerdings behandelt Thomas Mann sein Thema nicht von der Seite der ökonomischen Entfremdung, der Verdinglichung und Vermarktung der Kunst her, als ästhetischen Schein einer gleichsam eigengesetzlichen Welt der Sachen, sondern von der personalen Seite her. Sein Konflikt zwischen Kunst und Leben spielt sich vor allem in der Brust seines Helden ab. Indem die Kunst dem Leben generell gegenübergestellt wird, zeigt sich zugleich, wie bei Thomas Mann der spezifisch sozio-historische Charakter unseres Themas aufgegeben und in einen scheinbar allgemeinmenschlichen übergeleitet wird. Diese scheinbare Entbürgerlichung ist selbst Zeichen bürgerlichen Selbstverständnisses, nämlich das Allgemeinmenschliche darzustellen, und muß als Zeiteigentümlichkeit begriffen werden. Sie markiert einen zusätzlichen Gesichtspunkt bürgerlicher Problemlösung.

„Tonio Kröger" stellt einen Endpunkt in der Entwicklung unseres Themas dar, wie immer es auch weiterbehandelt wird. Schon die kreishafte oder spiralartige Struktur des Textes – äußerlich sichtbar an der

Bewegung von der Lübecker Bürgerwelt, über die Münchener Kunstszene und zurück zur Vaterstadt und zur nordischen Bürgerwelt des dänischen Badeorts – ist nicht vorwärtsweisend und zielstrebig. Vielmehr wird darin, unterstützt von der Leitmotivtechnik und den wörtlichen Wiederholungen, der schwebende – oft dekadent genannte – Zug der Erzählung deutlich, der sie, trotz der gesellschaftlichen Bindung des Helden, über alle Wirklichkeitsbeziehungen zu erheben scheint. Indem die Erzählung nur die innere Bewegung des Helden, seine Ziel- und Weglosigkeit wiedergibt, erreicht sie auch nur bei ihm einen neuen Erkenntnisstand, nicht aber einen in der gesellschaftlichen Entwicklung selbst.

Tonio Kröger ist bürgerlich in dreifacher Hinsicht, und eben dieser Tonio ist es in dreifacher Hinsicht auch nicht. Seinem Herkommen aus einem großen Lübecker Kaufmannshaus nach gehört er zu den Honoratiorenkindern der Stadt. Zugleich ist er durch seine südamerikanische Mutter im Aussehen, im Namen und in seinen Interessen von den Schulkameraden geschieden.

Was Thomas Mann in der Aufnahme naturalistischer Erbdetermination andeutet, verselbständigt sich zu einer grundsätzlichen Konfliktsituation des kulturellen Menschen der Jahrhundertwende. Frühreif, der Poesie hingegeben, von hoher Sensibilität, musizierend und dichtend, fällt Tonio aus der Normalität seines Schulalltags heraus. Ungewöhnliche Empfindsamkeit läßt ihn träumerisch versunken erscheinen, während ihn andererseits eine überhelle Reflexion von einem unmittelbaren Lebensbezug scheidet. Aber in dieser seelischen Disposition fühlt er sich gerade zur Normalität hingezogen. In seiner Schulzeit ist es zunächst Hans Hansen, der, bastblond, blauäugig und mit bürgerlich-landschaftsgemäßem Namen, durch sein sportlich-unkompliziertes Wesen Tonios Wunsch nach Freundschaft weckt. Er liebt ihn und leidet, wenn Hans ihn in Gesellschaft mit anderen Jungen distanziert „Kröger" und nicht vertraulich bei seinem fremdklingenden Vornamen nennt. Schon der vierzehnjährige Tonio weiß, daß der am meisten leidet, der am meisten liebt, daß der Liebende immer der Unterlegene ist. Diese frühen Erfahrungen kulminieren immer wieder in Situationen, die in dem Satz zusammengefaßt sind, der als Klammer am Schluß der Erzählung im Präsens wiederholt wird[9]: „Sehnsucht war darin und schwermütiger Neid und ein klein wenig Verachtung und eine ganze keusche Seligkeit" (S. 281).

Die Liebe des Sechzehnjährigen zur blonden Ingeborg Holm, der Tochter des Doktors, entspringt der gleichen seelischen Disposition. Diese tiefempfundene, aber nicht erwiderte Liebe steht auch situativ im Gegensatz

9 Zitiert wird unter Angabe der Seitenzahlen im Text nach: Thomas Mann. Gesammelte Werke in dreizehn Bänden, Bd. VIII.

zur Tanzstunde, die vor allem mit ihrem formalen Anstandsunterricht eine Einführung in die Verkehrsformen bürgerlicher Ordnung darstellt. Kein Wunder, daß die mit dieser Ordnung identische Inge ihn nicht beachtet, während die tapsige, immer aus dem Rahmen fallende, nämlich häufig stolpernde Magdalena Vermehren ihn verehrt. Storm-Stimmung, Abschied und Wehmut liegen über der Szene, in der er sich vornimmt, dennoch Inge ewig zu lieben, obwohl er im Grunde weiß, daß er sie – wie Hans Hansen – vergessen wird.

Als seine Großmutter und sein Vater gestorben sind und sich seine Mutter mit einem Virtuosen neu vermählt hat, nachdem also die ordentlichen bürgerlichen Verhältnisse unklaren und unordentlichen gewichen sind, treibt ihn seine innere Ziellosigkeit aus der Vaterstadt. Empfindung und ein scharfer, erkenntnishafter Röntgenblick sind seine Mitgift. Zum frühen Schmerz am Dasein, der ihn einsam macht, gesellt sich der Hochmut einer Erkenntnis, die seinen Mitbürgern und Jugendfreunden überlegen ist. Die Doppelheit oder Gespaltenheit seines Wesens steigert sich: der Trübsinn seelischer Erkenntnisse drängt zum dichterischen Ausdruck, die künstlerische „eisige(r) Geistigkeit" wird kompensiert durch „Abenteuer des Fleisches" und „verzehrende(r) Sinnenglut" (S. 290). Hochmut, Haß und Ekel zerreißen ihn in zwei Wesen, bis er sich in verbissener Arbeit zur kalten Geistigkeit durchringt und mit viel zähem Fleiß auch dichterischen Erfolg erzielt.

Kunst als Artistik, als Gegenspiel zur nervösen Sensibilität, formalistischer Anspruch als Halt für eine im Empfinden der Welt sich auflösende Seele ist selbst Produkt bürgerlicher Seinsweise. Kunst als artistisches Spiel, gelöst von den weltlichen Bedingungen, hat ihre Entsprechung in einer ziellosen und damit im Grunde auch spielerischen, selbstbezüglichen Alltagswelt. Fleiß und harte Arbeit – bürgerliche Tugenden also – sind hier wie dort bestimmend. Auch als Künstler ist Tonio bürgerlich und nicht bürgerlich zugleich. Sein Künstlertum ist keine Eroberung einer neuen, die alte Zerrissenheit transzendierenden Welt, vielmehr ist die welt- und menschenenthobene (unmenschliche) formalistisch-abstrakte Kunst nichts anderes als der Widerschein der Sinnlosigkeit bürgerlichen Seins, wie es aus den Empfindungen und Reaktionen Tonios erkennbar wird.

In seinem Gespräch mit Lisaweta Iwanowna in München legt Tonio diese bürgerliche Kunstauffassung bloß. Gegen Trivialität und Banalität des Lebens, an die zwar Empfindungen und Gefühle heranreichen, die aber erkenntnismäßig nichts hergeben, gegen eine Bestimmung durch äußere Bedingungen, zu denen selbst die Abhängigkeit vom Frühling gehört (Adalbert der Novellist rettet sich vor den Frühlingsgefühlen in ein neutrales Cafe), setzt Tonio die künstlerische Arbeit, die all dies nur als Material für künstlerische Formung gebraucht. Nicht mehr das, was man sagt, sondern wie man es sagt, wird entscheidend. Damit aber wird der Künstler selbst unmenschlich. „Es ist aus mit dem Künstler, sobald er Mensch wird und zu empfinden beginnt“ (S. 296). Der Fluch der Kunst ist ihr Gegensatz zum Gewöhnlichen und Ordentlichen, zugleich ist sie aber eben selbst nur deren Reflex. „Das Reich der Kunst nimmt zu, und das der Gesundheit und Unschuld nimmt ab auf Erden“ (S. 303). Die bürgerliche Welt hat keinen Sinn mehr, wird selbst künstlich, formalistisch (bürokratisch) und überhöht sich selbst in einer ebenso sinnlosen Artistik. Leben und Humanität liegen im Gewöhnlichen, sind an empfindsame und fühlende Menschen gebunden und dulden die Trennung in Arbeits- und Kunstwelt nicht.

Die Kollision zwischen Künstler- und Bürgerwelt, wie sie auch in der Geschichte vom straffälligen Bankier sichtbar wird, darf nicht über die gegenseitige Abhängigkeit hinwegtäuschen. Gegen Lisawetas Hinweis auf die erlösende Funktion der russischen Literatur, stellt Tonio den Ekel an der überscharfen Erkenntnis, die Einsicht einer Vernichtung von Leben und Empfindung im Wort. Das Wort leistet keine Erlösung, sondern stellt vielmehr die Empfindung kalt, legt sie auf Eis und vernichtet durch Präzision lebendige Unschärfe. Gleichgültigkeit und Blasiertheit der geistigen Menschen sind die Folge. Aus dieser Einsicht wächst Tonios Kritik am westeuropäischen Formalismus der Kunst. Er hält ein Plädoyer für das Normale, Wohlanständige und Banale, und seine Sehnsucht nach den „Blauäugigen“ wird wieder stärker. Seine „Sehnsucht . . . nach dem Harmlosen, Einfachen, Lebendigen . . . nach den Wonnen der Gewöhnlichkeit“ (S. 303) durchbricht nicht nur die Kunstwelt, sondern auch die künstliche, von technischem Raffinement und satanischer Sinnlosigkeit durchzogene Arbeitswelt in Richtung auf eine menschliche Gemeinsamkeit und auf ein natürliches Zusammenleben. In ihr ist etwas von den Utopien der bürgerlichen Kunst zu Beginn der Epoche vorhanden und von dem etwa, was Sappho eigentlich gewollt hat. In Ausübung und Kritik bürgerlicher Kunst ist Tonio Kröger, wie Lisaweta zu seinem Erschrecken sagt, ein verirrter Bürger.

Im letzten größeren Teil der Erzählung nähert sich Tonio wieder seiner Herkunftswelt. Seine Reise nach Dänemark über seine Vaterstadt, der Besuch des Vaterhauses, einer Volksbibliothek, und der Verdacht, ein Hochstapler zu sein, gegen den er sich ironischerweise nur durch den Besitz von Korrekturbögen, also von Produkten seiner „Unbürgerlichkeit“, als vertrauenswürdiger Bürger legitimieren kann, die Begegnung auf dem Schiff mit dem rotblonden Kaufmann, das alles führt zu seiner Ausgangswelt zurück. Und so begegnen ihm in seinem Hotel als Mitglieder einer Landpartie noch einmal die Gestalten seiner Jugend: ein anderer Hans Hansen, eine andere Ingeborg Holm und eine andere Magdalena Vermehren, den früheren gleich durch „Rasse“ und „Typus“ (S. 331). Die Wiederkehr des Gleichen, hier als Ausdruck einer Sehnsucht nach Geborgenheit in Norm, Ordnung und Regel, nach der Welt der Harmlosen und Glücklichen macht ihn eifersüchtig.

Die aus der Erfahrung erwachsene Erkenntnis liefert im Brief an Lisaweta eine neue, dritte Dimension seines Bürgerseins. Er nimmt den Vorwurf Lisawetas, ein verirrter Bürger zu sein, auf und interpretiert seine Liebe zum Leben als dieses Bürgertum. Was aus der Ehe seiner gegensätzlichen Eltern herauskam, „war dies: ein Bürger, der sich in die Kunst verirrte, ein Bohemien mit Heimweh nach der guten Kinderstube, ein Künstler mit schlechtem Gewissen“ (S. 337). Indem Tonio Bürgertum und Leben gleichsetzt, sieht er von den gesellschaftlich-ständischen Bedingungen des Bürgertums ab. Was er meint, ist mit der Sehnsucht nach menschlicher Gemeinsamkeit beschrieben. Nur kommt mit dem Gewissen dennoch eine bürgerliche Vokabel in die Argumentation. Die frühbürgerliche Literatur, Lessing vor allem, hat das Gewissen zur Grundlage bürgerlich-humanen Verhaltens machen wollen. Der gespaltene, von den Künstlern als Bürger, von den Bürgern als Hochstapler angesehene Tonio Kröger erkennt, daß die Spaltung der bürgerlichen Welt in einen Alltags- und einen Kunstbereich eine Ausweglosigkeit darstellt, in der beide Seiten verkommen müssen. Ihm geht es fortan um die Verbindung beider durch das Gewissen. Die gewissensbezogene Durchdringung der Kunst mit dem Lebendigen, einer Kunst, die wieder etwas zu sagen hat, und der Einfluß des sensibilisierten Gewissens auf eine verantwortliche Sinngebung des Alltags ist das Ziel. Damit ist die bürgerliche Herkunft Tonios mit ihrer Beschränkung auf den bestehenden sozialen Verhaltensschematismus ebenso transzendiert, wie die Grundlagen einer formalistisch-blutleeren bürgerlichen Kunst. Vielmehr geschieht in der Entgesellschaftlichung des Bürgerlichen zum Menschlichen, in der Forderung nach einer gewissenhaften, verantwortungsbewußten Bestimmung beider Bereiche zwar noch nicht die klare geschichtliche Erkenntnis der Möglichkeit einer konkreten geschichtlichen Realisierung, wohl aber eine Richtungsweisung.

In diesem Bekenntnis zur Sittlichkeit, denn nichts anderes bedeutet die Gewissensvokabel, in Kunst und Leben ist zugleich eine für seine Zeit bedeutsame Unbürgerlichkeit Tonios ausgesprochen, wenn anders eine sich selbst nicht durchschauende künstliche Alltagswelt und die artistische Spielerei von l’art pour l’art als Ergebnis bürgerlicher Entwicklung im 19. Jahrhundert aufgefaßt werden müssen. Sittlichkeit weist im Rückgriff auf frühbürgerlichen Humanismus in diesem Kontext über den sozialen Aspekt der Bürgerlichkeit hinaus, zwar auf ein scheinbar übergeschichtliches Allgemeinmenschliches, im Grunde aber – wie Thomas

Mann durch Leben und Werk später gezeigt hat – auf eine konkrete politisch-geschichtliche Verantwortung *in* der Zeit. Der „Tonio Kröger" kann diese politische Konsequenz der Durchdringung der Alltags- und Kunstwelt mit sittlich-menschlicher Verantwortung noch nicht darstellen. Er bleibt in der Schwebe einer sich in den Zwiespalt einer Kunstfigur entfaltenden gespaltenen Welt und deren kritischer Erkenntnis. Der Rekurs auf die Sittlichkeit ist nicht schon die neue Welt, sondern formuliert deren Aufgabe.

Bürgerliches Trauerspiel – eine literaturgeschichtliche Perspektive der Subjektivität

Hebbels theoretische Gründung der Weltverhältnisse im Selbst

Seit seinem Beginn ist der bürgerliche „Lebensprozeß" von Krisenbewußtsein begleitet. Von Rousseau bis zu Marx und Nietzsche erstrecken sich die kulturkritisch-weltanschaulichen Deutungen und Korrekturen und bilden einen dialektischen Gegenpol zur Entwicklung der realen Geschichte. Alle große Literatur ist daher zugleich Kritik, auch die affirmative. Gegen Mitte des 19. Jahrhunderts hat die Krise auch die materielle Basis und damit alle Lebensbereiche erfaßt. Die innere Problematik der bürgerlichen Lebensführung und Weltanschauung treibt zu neuem und verschärften Bewußtsein und macht die Situation theoretisch erkennbar. Aber was eigentlich das Ende des bürgerlichen Zeitalters hätte sein müssen, mobilisiert nur die Forderung nach einer entschiedeneren Bürgerlichkeit, die sich etwa durch eine bürgerliche Revolution etablieren sollte. Die Frage ging dahin, ob diese auch im Sozialen und Ökonomischen radikalisierte Bürgerlichkeit des Umsturzes oder der Neugründung auf den bisherigen Grundlagen bedurfte. Vor allem an dieser Frage scheiden sich der konservative Hebbel und die Jungdeutschen und Vormärzler.

Es mag hier dahingestellt bleiben, wie man diese Krise begründet. Was in ihr jedenfalls deutlich wird, ist der verschärfte Gegensatz von Innen und Außen, Ich und Welt, Privatem und Öffentlichem, Besonderem und Allgemeinem, von bürgerlicher Lebensweise und politischem System. Es ist dann nicht zuletzt auch eine Veränderung innerhalb der Produktionsverhältnisse, in denen sich eine arbeitsteilige Produktion immer mehr von den komplexeren Produkten trennt und den Produzenten zunehmend vom Sinn und Ziel seines Produktes abkoppelt. Und so kann man den Gesamtvorgang immer noch am treffendsten als Entfremdung bezeichnen.

Zeigt sich die Krise in einem solchen Riß, dann sind die Lösungen, die sich anbieten, um ihn zu schließen, darauf verwiesen, die Veränderungen entweder bei den inneren oder bei den äußeren Bedingungen anzusetzen. Formal gesehen, lassen sich die äußeren Bedingungen z. B. verändern, indem man gestaltend ins Politische und Gesellschaftliche eingreift, wie das die Revolution von 1848 versucht, oder ins Ökonomische, wie die Theorie von Marx, die, in Verschätzung der Situation, 1848 praktisch nicht relevant wurde. Die Veränderung vom inneren Pol aus, eine Lösung der Verinnerlichung also, ist dagegen antirevolutionär. Sie wurzelt in den zeitgenössischen Vorschlägen daher auch in den Traditionen des Bildungsbürgertums. Eine solche geistig-idealistische Veränderungsbemühung hat aber um die Mitte des 19. Jahrhunderts im Literarischen den Versuch der Klassik hinter sich, gesellschaftliche Widersprüche durch bildhaft-bildende Vorwegnahme ästhetisch oder im Spiel lösen zu können. Die Probleme stellen sich in den 40er Jahren vielmehr realistischer, härter und radikaler.

Diesen letzten Weg nun nach innen in neuer Radikalität zu gehen, versucht Friedrich Hebbel in seinen dramentheoretischen Schriften von 1843/44. Damit formuliert er in einer bestimmten geschichtlichen Situation zugleich theoretisch die Problematik des bürgerlichen Trauerspiels. Wie Hebbel allerdings seine Lösung verstanden wissen wollte, muß hier noch offen bleiben. Eines läßt sich aber an dieser Stelle schon vorwegnehmend erkennen: beide Wege zur Überwindung des grundlegenden und daseinsbestimmenden Widerspruchs, Revolution und Innerlichkeit, scheitern. Die bürgerliche Revolution findet keinen erfolgreichen Abschluß, sondern endet in einer politischen Reaktionsphase, die gleichzeitig durch eine ökonomische Prosperität versüßt wird. Und auch der Weg nach innen, der sich in solcher Situation nachgerade anbietet, löst die Problematik nicht. Vielmehr führt auch Hebbels radikaler Ansatz der Innerlichkeit über mancherlei Aufweichstationen nur ins fin de siècle, das eben nicht nur ein Jahrhundertende, sondern vielmehr ein Epochen- und Zeitalterende markiert.

Daß beide Wege zu keinem Ergebnis führen, daß beide selbst an der inneren Problematik der bürgerlichen Epoche scheitern, macht deutlich, daß diese spezielle Form zwischen Innen und Außen, Ich und Welt, wie Hebbel sie im 19. Jahrhundert mit anderen diagnostiziert hat und zu überwinden versuchte, selbst zugleich – ob materialistisch oder idealistisch, ob realgeschichtlich oder anthropologisch-mental – bürgerlichen Ursprungs war.

> „. . . die dramatische Kunst soll den welthistorischen Prozeß, der in unseren Tagen vor sich geht und der die vorhandenen Institutionen des menschlichen Geschlechts, die politischen, religiösen und sittlichen nicht umstürzen, sondern tiefer begründen, sie also vor dem Umsturz sichern will, beendigen helfen.“ (289)[10]

Mit dieser Grundsatzerklärung hat Hebbel im Vorwort zur „Maria Magdalene“ seine Position formuliert. Er weist damit der Kunst, vor allem dem Drama, eine geschichtliche Aufgabe zu. In zwei großen Krisen der Geschichte hat die dramatische Kunst nach Hebbel einen Beitrag zu deren

10 Zitiert werden die dramentheoretischen Schriften Hebbels mit Seitenzahlen nach dem Zitat nach: Friedrich Hebbel. Werke in zwei Bänden (Hrsg. G. Fricke), München o. J. Alle Zitate der später behandelten Dramen werden je nach Möglichkeit mit Akt und Vers oder Auftritt oder bloßer Aktangabe ebenfalls hinter dem Zitat belegt.

Bewältigung geliefert: in der Antike und am Beginn der Neuzeit. Beide Epochen formulierten jeweils für lange Zeit das Verhältnis von Ich und Welt. Ihre dramatischen Repräsentanten waren die attischen Dramatiker und Shakespeare. Das Widerspiel von Individuum und Allgemeinheit, von Ich und Welt, lösen beide formal ähnlich, aber inhaltlich gerade gegensätzlich. Die jeweilige Stabilität zwischen beiden Polen führen sie durch die Herrschaft einer der beiden Seiten herbei. Die Dominanz der einen Seite setzt der anderen die Normen des Verhaltens. Die Antike „gestaltete das Fatum" (282) und verlangt in einer von Göttern beherrschten Welt vom Menschen Hinnahme und Fügung in die Seinsordnung. Der Grund für ein mögliches Mißverhältnis liegt allein in der menschlichen Hybris. Das Drama Shakespeares „entwickelte sich am Protestantismus und emanzipierte das Individuum" (282) und erklärt mögliche Diskrepanzen daraus, daß sich die Welt der Beherrschung durch den Menschen noch immer entzieht.

„Nach Shakespeare hat zuerst Goethe . . . zu tun angefangen, was allein noch übrigblieb, er hat die Dialektik unmittelbar in die Idee selbst hineingeworfen, . . ." (283). Das ist nun aber nicht nur eine neue Variante im Verhältnis von Ich und Welt, sondern zugleich und fast unmerklich eine qualitativ andere Betrachtungsweise. Sie ist es eigentlich, die das bürgerliche Zeitalter bestimmt und die Problematik im bürgerlichen Drama ausmacht. Zugleich bekräftigt diese Dialektik in der Idee selbst erneut und in verschärfter Weise, daß die Trennung von Ich und Welt grundsätzlich und damit unüberwindlich ist. In dieser Erkenntnis gründet Hebbels „Pantragismus". Liegt der Gegensatz unmittelbar im Leben selbst, dann ist er durch keine Dominanz einer der beiden Seiten wirklich zu überbrücken. Stabilisierungsverfahren, wie sie die Antike und der neuzeitliche Geist versucht haben, müssen mit Notwendigkeit scheitern. Diese Einsicht stellt Hebbel vor ein völlig neues Lösungsmodell. Geschichtlich geht es darum, immer jeweils neu das Verhältnis der beiden Pole auszubalancieren und ein lebensfähiges Gleichgewicht herzustellen.

Denn die Diskrepanzen in den wirklichen Zuständen waren durch Goethes klassische Wendung „nicht beseitigt, sie dauern fort bis auf den gegenwärtigen Tag, ja sie haben sich gesteigert und alle Schwankungen und Spaltungen in unserem öffentlichen wie in unserem Privatleben sind auf sie zurückzuführen, auch sind sie keineswegs so unnatürlich oder auch nur so gefährlich, wie man sie gern machen möchte, denn der Mensch dieses Jahrhunderts will nicht, wie man ihm schuld gibt, neue und unerhörte Institutionen, er will nur ein besseres Fundament für die schon vorhandenen, er will, daß sie sich auf nichts als auf Sittlichkeit und Notwendigkeit, die identisch sind, stützen und also den äußeren Haken, an dem sie bis jetzt zum Teil befestigt waren, gegen den inneren Schwerpunkt, aus dem sie sich vollständig ableiten lassen, vertauschen sollen.“ (284/5)

Hier gibt Hebbel präzise Antwort auf die Frage, wie Stabilität in den Weltzustand zu bringen sei, ohne eine Seite dominant zu machen. Zugleich bestimmt er, was es bei ihm heißt, vom Inneren her ein Gleichgewicht zwischen den widerstreitenden Polen herbeizuführen. Das Begründungsprinzip für das Gleichgewicht ist die Sittlichkeit. Sie hat zunächst ihren realen Ort im Menschen und ist von ihm aus zu erfahren. Was sie fordert, ist klar: sie verlangt die Begründung aller Verhaltensweisen aus einem „inneren Schwerpunkt“, also aus sich selbst. Das Zentrum der Sittlichkeit und Notwendigkeit ist der Gedanke des Selbstseins. Die „äußeren Haken“ der Konventionen, Systeme, formalen Ordnungen sollen als Halte- und Richtpunkte außer Kraft gesetzt werden.

Daß das menschliche Selbst der Kern der Sittlichkeit und Freiheit ist, ist einsichtig. Was heißt es aber, das Selbstsein zugleich auch für die Welt und ihre Institutionen zur Grundlage zu machen, um so das gewünschte Gleichgewicht herzustellen? Warum ist gerade die dramatische Kunst geeignet, diesem Weltprozeß zu dienen?

> „Das Drama stellt den Lebensprozeß an sich dar. Und zwar nicht bloß in dem Sinne, daß es uns das Leben in seiner ganzen Breite vorführt, was die epische Dichtung sich ja wohl auch zu tun erlaubt, sondern in dem Sinne, daß es uns das bedenkliche Verhältnis vergegenwärtigt, worin das aus dem ursprünglichen Nexus entlassene Individuum dem Ganzen, dessen Teil es trotz seiner unbegreiflichen Freiheit noch immer geblieben ist, gegenübersteht.“ (275)

Die dramatische Kunst hat also eine Doppelaufgabe. Sie muß einerseits daran arbeiten, das Gleichgewicht zwischen Innen und Außen auf der Basis des Selbstseins herzustellen, zugleich aber muß sie immer auch die metaphysische Bedingung mit verdeutlichen, die erst diese erste Aufgabe notwendig macht. Diese besteht eben darin, daß das Individuum aus seinen ursprünglichen Beziehungen zum Ganzen „entlassen“ wurde. Es gab also – offenbar vor der Geschichte – einen anderen Zustand zwischen Ich und Welt, der keinen grundsätzlich pantragischen Charakter hatte. Warum er verloren wurde und als nicht zurückgewinnbar dargestellt wird, bleibt offen. Diese immense Aufgabe gibt erst der Kunst über die Alltagsschreibereien hinaus ihren welthistorisch-metaphysischen Rang und macht sie nach Hebbel zu einer „realisierte(n) Philosophie“ (296).

Der Lebensprozeß stellt das Individuum gegen das Ganze und begründet damit zugleich in aller Geschichte das ewige Wesen des Menschen. Es ist gekennzeichnet durch Individuation, also gerade dadurch, daß es gegen den Prozeß des Ganzen immer es selbst bleiben will. Das Wesen des Menschen besteht im Selbstsein. In diesem Willen zu sich selbst liegt seine der christlichen Erbsünde vergleichbare Schuld. Diese hat also nichts mit den verschiedenen Willensrichtungen und -inhalten zu tun, sondern entspringt

„unmittelbar aus dem Willen selbst, aus der starren, eigenmächtigen Ausdehnung des Ichs". (275)

Die Ich-Separierung ist Verhängnis. Und die Kunst muß es mit den Lebensmöglichkeiten des jeweiligen Gleichgewichtszustandes immer mit zeigen. Diese Gleichgewichtszustände lösen nämlich den ewigen Konflikt nicht, sondern erbringen nur zu den Epochen der Geschichte eine neue Epoche im dramatischen Kampf zwischen persönlichem und allgemeinem Weltwillen. Sie sind das, was Hebbel auch Totalität nennt.

Das Ich also ist aus dem Zusammenhang des Ganzen gefallen. Aber gerade darin gründet erst seine Möglichkeit, es selbst zu sein. Sollen die Dinge und Institutionen der Welt ebenfalls von sich selbst her verstanden werden, sollen sie in ihrem Selbstsein begegnen, weil eben im Selbstsein der beiden Seiten das Gleichgewicht besteht, so müssen auch die Dinge aus ihren weltlichen Zusammenhängen gelöst werden. Welt ist immer Menschenwelt. Das Selbstsein der Dinge wird erst erkennbar, wenn der Mensch sich zurücknimmt. So wie die Dinge von sich her sind, sind sie objektiv. Ihr Selbstsein besteht in der Objektivität, wie immer diese Objektivität auch erkenntnistheoretisch zustandekommt. Objektivität ist aber nur durch Enthaltung des Menschen zu erfahren, dadurch, daß sich der Mensch ganz auf sein Subjektsein, auf das Zugrundeliegende für mögliche Objektivität reduziert, kurz, indem er sich den Dingen unterwirft. Objektivität und Subjektivität sind korrelative Begriffe. Objektivität wird erst durch Subjektsein erfahren. Und umgekehrt gründet die Objektivität in der vorgängigen Subjektivität des Menschen, sie ist also von ihm abhängig. Hier enthüllt sich der Hebbelsche Lösungsversuch von innen her bei gleichzeitigem Gleichgewichtsstreben. Erst in der Subjekt-Objekt-Relation ist er manifest.

Aber dieses Subjektsein, das zum einen die Objektivität der Welt bestimmt, zum anderen aber das Ich auf das formale Prinzip des Zugrundeliegenden reduziert, wirft in der Realität große Probleme auf. Zwar findet der Mensch im Subjektsein ein allem Geschichtlichen enthobenes „ewiges" Wesen, doch was bleibt von ihm, wenn er sich auf eine so formale Verfassung zurücknimmt? Was geschieht konkret mit ihm, wenn er sich im Selbstsein aus allen sozialen und welthaften Bezügen herausnimmt? Die Geschichte dieser Gedanken gehört zum Kernthema des bürgerlichen Trauerspiels. Und sie exemplifiziert sich nicht von ungefähr am Liebesverhältnis, das in äußerster Radikalität das Problem von Selbstsein und Verbundenheit sichtbar macht.

Und so bezieht Hebbel am Ende seines Vorworts zur „Maria Magdalene" die Begründung aller Institutionen und Verhaltensweisen durch das Selbstsein und die Verwerfung aller äußeren Bestimmungsmomente ausdrücklich auf die Gattung des bürgerlichen Trauerspiels.

> „Das bürgerliche Trauerspiel ist in Deutschland in Mißkredit geraten und hauptsächlich durch zwei Überstände. Vornehmlich dadurch, daß man es nicht aus seinen inneren, ihm allein eigenen Elementen, aus der schroffen Geschlossenheit, womit die aller Dialektik unfähigen Individuen sich in dem beschränktesten Kreis gegenüberstehen, und aus der hieraus entspringenden schrecklichen Gebundenheit des Lebens in der Einseitigkeit aufgebaut, sondern es aus allerlei Äußerlichkeiten, z. B. aus dem Mangel an Geld bei Überfluß an Hunger, vor allem aber aus dem Zusammenstoßen des dritten Standes mit dem zweiten und ersten in Liebesaffären, zusammengeflickt hat. Daraus geht nun unleugbar viel Trauriges, aber nichts Tragisches hervor, denn das Tragische muß als ein von vornherein mit Notwendigkeit Bedingtes, als ein, wie der Tod, mit dem Leben selbst Gesetztes und gar nicht zu Umgehendes, auftreten; . . ." (302/03)

Hebbel verdeutlicht hier am konkreten Gegenstand noch einmal seine theoretische Position. Er zeigt auf, daß die tragische Situation aus dem Inneren des Menschen, aus seinem Selbstsein, entspringen muß. Wird das Selbst des Menschen zum „inneren Schwerpunkt", dann muß es ebenfalls die äußeren Gegebenheiten auf ihr Selbstsein hin befragen. Diese erscheinen dann aber fast immer, z. B. als ökonomische Situation oder als Standesunterschied, nur als äußerlich, als „äußerer Haken", dem jegliche Notwendigkeit fehlt. Unter der strengen Frage nach ihrer Begründung zerfällt ihre Bedeutung.

Mit dem Gedanken der empfindsamen Liebe und der eigenen Gattenwahl formuliert die bürgerliche Literatur dann konkret jene Art von Selbstsein, dem es nur auf die Verwirklichung des eigenen Inneren ankommt und das zugleich auf das Selbstsein des anderen angelegt ist. In dieser Liebe zeigt sich zwar das Selbst, seine Einmaligkeit, aber zugleich auch seine Irrationalität. Denn wann, wie und zu wem dieses Selbst in der Liebe spricht, ist nicht rational auszumachen. Lassen sich die äußeren Verhältnisse, wie Hebbel sie vorfindet, zweckrational betrachten und auf sich gegenseitig beziehen, so sind sie gleichwohl noch nicht begründet. Damit liegt, wenn auch unerörtert, die Wahrheit in gewisser Weise immer außerhalb der Weltzusammenhänge. Gerade die Gründung im Selbst, in der Sittlichkeit und Unmittelbarkeit, zeigt im Phänomen der Liebe einen nicht rein immanent zu erklärenden Bezugsgrund, obwohl Hebbel gerade die völlig immanente Begründung intendierte.

Alle Gedanken Hebbels gründen im Selbst. Würde es sich erweisen, daß dieses nicht das ewige Sein und das Fundament für die Weltverhältnisse ist, hat es keine eigene Substanz, sondern ist es nur ein formales Verhältnis zur Welt, nämlich Subjektivität, und nur darin gleich, dann muß diese Theorie zusammenbrechen. Wie es sich mit diesem Gedanken des Selbst verhält, das zeigt unter anderem die Geschichte des bürgerlichen Trauerspiels. Sie zeigt die Verlagerung der Begründung der Weltverhältnisse in den Menschen und wie der Mensch sein Selbst jeweils geschichtlich zu realisieren versucht. Zugleich entfaltet sie aber auch die Möglichkeiten des Selbst und gibt Antwort auf die Frage, ob es zur Begründung der Weltverhältnisse wirklich fähig ist.

Barocke Konstellation:
Gryphius' „Cardenio und Celinde“

Mit dem bürgerlichen Trauerspiel hat nicht nur eine neue soziale Klasse die literarische Bühne betreten, es ändert sich auch grundlegend der Dramentypus. Es fiel vor allem die seit dem frühen Mittelalter tradierte Ständeklausel, die ja in der Barocktragödie nicht nur eine soziale, sondern um vieles mehr eine dramaturgische Funktion hatte. Lessings Rückgriff auf Aristoteles begründet dann auch mit seiner Bestimmung des Helden als einen „unsersgleichen“ im 74. Stück der „Hamburgischen Dramaturgie“ theoretisch die Entwicklung.

In der Wort- und Begriffsgeschichte des bürgerlichen Trauerspiels und auch bei den englischen und französischen Vorbildern gibt es keine Begrenzung auf den bürgerlichen Stand. Vielmehr ging es darum, nach den Haupt- und Staatsaktionen den privaten Bereich und seine Konfliktpotentiale zur Darstellung zu bringen. Damit war der Weg nach innen angetreten. Der entscheidene Konflikt für das Ich und auch der sozial bedeutsamste ist dabei die Partnerwahl. Damit wird die Liebe zum zentralen Thema. In ihr stellt sich der Widerspruch – und eben auch der gesellschaftliche – von Selbstverwirklichung und elterlichen bzw. gesellschaftlichen Auflagen dar. Zum anderen ist die Liebe so zentral, weil sie – analog zum Verhältnis von Subjekt und Objekt – jenen Raum des Privaten erst schafft und damit das öffentliche Leben als solches ausgrenzt. Während die Öffentlichkeit von ihrem Wesen her ein nahezu chaotischer und inhumaner Bereich bleibt, in dem Herrschsucht, Machtgier, Intrigen die bestimmenden Antriebskräfte sind, der also dem Menschen durchweg als feindlich erscheint, ist die bürgerliche Familie als Ort des Privaten vertraut und von menschlichem Wohlwollen getragen. Grundsätzlich ist jeder dem anderen gut.

Dieser neue soziale Raum der Privatheit entfaltet in seiner Abgrenzung gegen die Öffentlichkeit seine eigene Sozialität. Aus ihm entspringen bürgerliche Gesinnung und Lebensweise. Und so geht es im bürgerlichen Trauerspiel nicht nur um den einzelnen, um einen, der gleichsam beim Rückzug aus der Öffentlichkeit sich aus allen Beziehungen löst, sondern auch um zwei Arten sozialer Bindung.

Der zentrale Bezugspunkt war die Liebe. An ihrer Veränderung nach Stellung, Funktion und Bedeutung im sozialen Kontext kann man den Unterschied zwischen barock-höfischen und bürgerlichen Drameninhalten besonders gut ablesen. Sie war im öffentlichen Bereich vom Barock her bis weit ins 18. Jahrhundert hinein auf einen instrumentalen Charakter angelegt, auf Trieb, Herrschaft, Geld- und Machtzuwachs, und wird in der öffentlichen Welt – noch in Schillers „Kabale und Liebe“ – als politisches Mittel eingesetzt. Von seiten des bürgerlichen Helden aus, im Bereich seiner Privatheit, ist sie Lebenssinn schlechthin. In ihr verwirklicht sich die Selbsterfahrung des Menschen und artikuliert sich eigener Wunsch und Wille. Sie fällt aus der Rationalität einer berechenbaren Welt heraus und wurzelt, ganz empfindsam, in geheimen, irrationalen Tiefen der menschlichen Brust. Sie hat damit gleichsam religiöse Dimension, zeigt sich in ihr doch das wahre Wesen des Menschen, so wie Gott ihn gewollt hat. Zugleich entdeckt der Mensch in dieser Liebe seine Humanitas, seine Einzigartigkeit und sein allgemeines Menschsein zumal, das allem Soziologischen als nur Äußerlichem enthobene Selbst.

Bei der dramatischen Entwicklung zu diesen Positionen gibt es schon im Barock ein beachtenswertes Vorspiel, das zugleich den Unterschied zur bürgerlichen Literatur verdeutlicht als auch Elemente aufzeigt, die verändert weiterleben. Gryphius' Tragödie „Cardenio und Celinde“ von 1648/50, die 1657 erschien, fällt in der Tat aus der üblichen Art barocker Tragödien heraus. Gryphius hat das selbst gesehen und in seinem Vorwort die Abweichungen von der sonstigen barocken Höhenlage selbst festgestellt. Auch in diesem Drama geht es um Liebe, und sie ist so zentral, daß ihr instrumenteller Charakter in manchen Teilen fast verschwindet. Und doch – und das macht das Drama im Vergleich so interessant – artikuliert sich an der Liebe Cardenios zu Olympia und an seiner Leidenschaft zu Celinde barocke und nicht bürgerlich-aufklärerische Thematik. In diesem Drama geht es um zweierlei Liebe, um Formen, die sich in verwandelter Gestalt auch noch in den späteren bürgerlichen Dramen zeigen. Und mit diesem Themenwechsel ändert sich auch der soziale Stand der Hauptpersonen. Sie sind keine Fürsten und Herrscher mehr, sondern von niederem, gleichsam schon verbürgerlichtem Adel. Nicht Staatsgeschäfte und Politik beschäftigen sie, sondern durchaus private Dinge wie Studium, Liebe, Ehe, Eifersucht und Leidenschaft.

Das Stück beginnt damit, daß Cardenio seinem Freund Pamphilius sein bisheriges Leben erzählt. Es wird erzählt und nicht agiert. Und das kann auch nicht anders sein, da das Leben in Bologna für den Studiosus aus Toledo von so vielen Wechselfällen, Handlungs- und Absichtsänderungen und von so zahlreichen Umschlägen der Entwicklung bestimmt wurde, daß sie auf der Bühne nicht darstellbar wären. Aus all den Wechselfällen ergibt sich, daß Cardenio, der Olympia liebt und von dieser wiedergeliebt wird, diese an Lysander, den Olympia aber zunächst nicht liebt, verliert, während er in Leidenschaft zu Celinde entbrennt. Die Liebe zu Olympia treibt Cardenio zum Mordversuch an Lysander, und die Leidenschaft zu Celinde macht ihn zum Mörder ihres früheren Geliebten. Foruna triumphiert. Der Liebe und Leidenschaft entsprechen zwei Frauentypen, die sich im bürgerlichen Trauerspiel fortsetzen, Olympia in den empfindsamen Gestalten, Celinde bis zur Marwood und Milford, die auch ein ähnliches soziales Schicksal haben.

Die entscheidende Handlung beginnt aber erst, indem Cardenio einem Gespenst in Gestalt der Olympia begegnet, das sich dann als Totengerippe entpuppt und so die barocke Vanitas-Thematik mit allem Vergänglichkeitspathos zum Ausdruck bringt. Und auch Celinde begegnet auf dem Weg, einen Liebestrank für Cardenio zu brauen, im ermordeten früheren Geliebten dem Tod. Beide werden durch diese übernatürlichen Ereignisse völlig geändert.

Worauf die Tragödie abzielt, ist die Erkenntnis der Wahrheit. Daher wird auch der Handlungsgang, in dem der Tod begegnet, im letzten Akt noch einmal aus der Perspektive der Wandlung erzählt. Er wird erzählt, weil eben jedes Erkennen ein Wiedererkennen ist und des zweiten Blicks bedarf. Was ist aber nun an diesem Stück zu erkennen? Der geschilderte Ereignisverlauf zeigt den wechelhaften Charakter der Weltverhältnisse. Fortuna regiert auch die kleine, die quasi private Welt, und nicht nur die große, politische. Neigungen, Ansichten, Vorlieben und Wünsche, alles ist wechselhaft und vom äußeren Anschein abhängig oder von inneren Leidenschaften. Beide sind unbeständig und eitel. Wechseln die Verhältnisse, dann ändern auch die Gegebenheiten ihre Bedeutung und werden je nach Plausibilität ausgelegt. Verläßlichkeit und Beständigkeit ist nirgends. Vielmehr verweist erst der Tod auf den wahren wirklichen Grund des Daseins. Die barocke Vergänglichkeits- und Vanitas-Thematik beherrscht das Drama durchgängig. Es gibt keine Sicherheit, Ordnung und Stabilität eines bürgerlichen Privatbereichs, keinen rettenden Rückzug vor der Welt auf die gesicherten Fundamente eines unverstellten Liebesgefühls. Denn auch die Liebe, so zentral sie hier thematisiert wird, gründet in der Scheinhaftigkeit der Welt. In ihr offenbart sich kein verläßlich-unveränderliches Wesen des Menschen, kein beständiges oder gar durch Gott versichertes Selbst. Das Selbstsein ist vielmehr mit in die scheinhaften Weltstrukturen verstrickt. Es ist nicht tragfähig, so wird uns bewiesen. Und Cardenio zeigt am Schluß, wie er gerade durch sich selbst verführt wurde: „der Mensch fällt nur durch sich." (V, 375) Das Wollen aus dem Selbst heraus ist ebenfalls eitel und wird der Kritik unterworfen. Das Beständige wird auch hier in völliger Übereinstimmung mit der gesamten Barockliteratur allein bei

Gott gesehen. An diesem wahrhaft Beständigen hat der Mensch zwar Anteil, aber nicht durch das, was er von selbst her ist, sondern durch seine Tugend, die er gegen die Welt erringen und behaupten muß. So kann der frech-dreiste Lysander schließlich doch durch Tugend, nämlich durch die Beständigkeit seiner Ergebenheit und Anhänglichkeit, Olympias Liebe erringen. Das Wesen des Menschen ist nicht natürlicher, sondern geistiger Art, und aus dem Chaos der irdischen Verhältnisse rettet ihn allein die Religion, die geistige Rückbindung an das summum bonum.

Aber wie muß in diesem Grundkonzept die Liebe gesehen werden, die doch unbestreitbar positive Seiten hat? Olympia interpretiert sie am Schluß dahin, daß die wahre Liebe nicht aus dem Bereich der Leidenschaft, des Wunsches oder des Verlangens des Selbst kommt, sondern in der Institution einer gottgewollten Ehe erst wirklich wird. Das Selbst gehört ja noch zur Scheinwelt. Das zeigt sich auch bei der Entstehung der Liebe aus den Gefühlen des Selbst. Sie entzündet sich am Äußeren, am Aussehen oder Verhalten, also am Vergänglichen und Eitlen. Dagegen stammt das wirkliche Wesen des Menschen von Gott und ist eben in der Tugend erst zu erfahren, läßt sich also nicht einfach vorfinden. So deutet Olympia ihre Ehe mit Lysander als gottgewollt. Ehen werden im Himmel beschlossen. Gott fügt zusammen, er entscheidet, auch gegen menschliche Wünsche. „Gott bindet oder trennt“ (III, 83), und es zeigt sich, daß dort auch die wahre, nämlich tugendhafte Liebe zu blühen vermag. Die Institution hat den Vorrang vor dem Gefühl, das Sakrament vor der Selbstverwirklichung.

Die barocke Welt ist also nur auf eine Transzendenz hin zu begreifen. Wahrheit, Ewigkeit, Wirklichkeit und Verläßlichkeit sind in ihr beschlossen. Das wahre Subjekt und Fundament von allem, was ist, ist Gott. Die Welt dagegen ist veränderlich, scheinhaft und vergänglich. Diese ihre Beschaffenheit ist metaphysischer Natur und damit ewig.

Und so zielt die Tragödie allein auf eine consolatio angesichts eines solchen Wesens und hinsichtlich des Menschen, der in seiner Sittlichkeit durch constantia und providentia über diese Welt hinauslangen kann, auf Vorbild und Richtungsweisung.

Die Zweiteilung der nachbarocken, bürgerlichen Welt in einen privaten und einen öffentlichen Bereich holt den metaphysischen Gegensatz in die säkulare Immanenz herunter. Allenfalls wird ein Transzendieren innerhalb der Immanenz möglich. Damit erscheinen aber die Weltverhältnisse als veränderbar. Man kann etwas ausrichten in dieser einen Welt. Der Mensch der nun als Subjekt begriffen wird, könnte dieser Veränderer der Welt in eine humane und lebenswerte sein. Was als Subjekt begriffen wird, ist in gewisser Weise analog zum Subjektsein Gottes gedacht. Und so führt der Weg von der transzendenten Göttlichkeit des 17. Jahrhunderts zur Vergötterung und Göttlichkeit des Menschen vom 19. Jahrhundert an. In dieser Wandlung gründet die bürgerliche Literatur. Zu fragen bleibt aber, warum das bürgerliche Trauerspiel im Rückzug auf die private Welt verhält und gerade nicht verändernd in die öffentliche eingreift, warum sie mit Penetranz die inneren Probleme entfaltet, anstatt die äußeren anzupacken.

Die Tragödie des menschlichen Selbstbewußtseins: Lessings „Emilia Galotti"

Die barocken Weltvorstellungen haben eine lange Nachwirkung gehabt. Ihr Gedanke, der Mensch sei ein Spielball der Fortunawelt und seiner Affekte, setzt sich verändert in der bürgerlichen Welt des 18. Jahrhunderts fort. Auch hier ist er seinen Leidenschaften ausgesetzt, die es tugendhaft und puritanisch zu bekämpfen gilt, und der höfisch-politischen Welt absolutistischer Willkür. Die Barocktragödien haben angesichts ihrer Weltauffassung zwei Heldentypen entwickelt, die dem Menschen Gefährdung, Wesen und Aufgabe vorstellen: den Märtyrer und den außerordentlichen Menschen. Letzterer erfährt, wie bei Lohenstein, in seinen Aktivitäten und Extremsituationen seine Grenzen und zeigt damit dem Zuschauer so ebenfalls die grundlegende Barockeinsicht von Eitelkeit, Schein und Vergänglichkeit. Er entzieht sich der Welt in heroischer Attitüde, im stoischen Selbstmord, und macht sie damit fragwürdig. Die Freiheit, die er hierbei zeigt, ist ein Fingerzeig auf die Möglichkeit einer sittlichen Ordnung und auf eine gültigere, transzendente Welt.

Lessings Heldinnen Sara und Emilia haben noch etwas von diesen beiden Typen. In der „Emilia Galotti" finden wir die barocken Elemente auch noch im säkularisierten Umfeld des Absolutismus. Die Willkür des Prinzen von Guastalla, seine Launen und Leidenschaften, produzieren, da er ja absolutistischer Regent ist, eine „Fortunawelt". Sie wird hier aber nicht mehr als die metaphysische Verfaßtheit von Welt überhaupt, sondern als historisch und politisch bedingt angesehen. Aus dieser politischen Öffentlichkeit entstehen die Konflikte. Emilia steht dieser Willkürwelt fast wie eine Barockheldin gegenüber. Zunächst entschlossen, Widerstand zu leisten, und das hohe Lied der menschlichen Freiheit, seiner Eigenständigkeit und das Selbstsein des neuen Jahrhunderts verkündend – „Ich will doch sehn, . . . wer der Mensch ist, der einen Menschen zwingen kann" (V, 7) –, muß sie dann die affektuöse Schwäche dieses so selbstbewußten Ichs erkennen, das nämlich einer Verführung nicht gewachsen wäre: „Verführung ist die wahre Gewalt." (V, 7) In dieser Schwachstelle gipfelt die dramatische Entwicklung. Denn Emilia hat sich schon in der Kirche den

Zuneigungen des Prinzen nicht entzogen. Bedarf das neue Selbstbewußtsein der Bestätigung von außen? Der Mensch jedenfalls muß sich, um tugendhaft zu bleiben, permanent vor den Gefahren der Welt absichern. Er hat mehr denn je die barocke providentia nötig. Das weiß ihr Vater sehr genau, der Erziehung als Entziehung betreibt und somit den pädagogischen Grund für die Herauslösung der häuslichen Privatsphäre aus der Öffentlichkeit markiert.

In alle dem verrät sich barocke Tradition. Was aber bei Lessing anders ist, läßt sich in drei Punkten zusammenfassen:

1. Da die Welt nicht mehr in ihrem Wesen und als ganze als Fortunawelt verstanden wird, gliedert sich ein Teil heraus, nämlich die Öffentlichkeit, in der dieser Grundzug des Veränderlichen und Wechselhaften weiter besteht. Dieser Wechselcharakter entspringt aus fürstlicher Willkür, aus Laune und Leidenschaft, ist also nicht metaphysischer Art, sondern menschlicher. Und dort setzt Lessings politische Kritik an. Der Mißstand der politischen Verhältnisse besteht darin, „daß Fürsten Menschen sind“ (V, 8) und gleichwohl absolutistisch wie Gott regieren, daß ein individueller Wille als Gesetz fungiert. Während bei Gott, der das Gute ist, alles Tun zum Guten wird, kann aus den endlichen, anfälligen und problematischen Menschen nur Fragwürdiges folgen. Die Unvollkommenheit der menschlichen Natur verbietet die absolutistische Herrschaft. Die Unzuträglichkeiten liegen nicht im Wesen der Welt, sondern im Menschen und in den historischen Formen ihres Zusammenlebens. Darum kann Lessing auch anders als im Barock in sein Drama eine politische Stoßrichtung einbringen. Die Verhältnisse sind änderbar.

2. Da die Welt nicht mehr vom Wesen her, sondern vor allem der Regent selbst wechselhaft ist, was eben öffentliche Auswirkungen hat, so bedarf er Helfer, die bereit sind, seine Launen in Wirklichkeit umzusetzen. Das Mittel dazu, die Wirklichkeit den wechselnden Launen anzupassen und sie gefügig zu machen, ist die Intrige. Sie ist die ichhafte und daher unmoralische, weil nicht allgemeinen Gesetzen gehorchende, Art, Herrschaftswillen durchzusetzen. Was der Welt selbst an Fortunacharakter im 18. Jahrhundert fehlt, muß die Intrige ersetzen. Sie ist das vermenschlichte, nicht mehr metaphysische, sondern politisierte Fortunaprinzip.

3. Da die Welt nicht mehr an sich fortunahaft und schlecht ist, sondern nur die Politik, gibt es Möglichkeiten einer innerweltlichen Gegenposition. Dem Menschen bleibt nicht nur wie im Barock das erleidende Märtyrertum oder der heroisch-stoische Selbstmord, sondern er kann etwas tun. Er kann zwar nicht aktiv die Verhältnisse ändern – und warum er das nicht kann oder nicht tut, gehört zum Thema Bürgerlichkeit insgesamt –, aber er kann den politischen Bereich verlassen und

einen Rückzug aus der Gesellschaft antreten, etwa aufs Land. Dort ist ein einfaches, klares und wesenhaftes Leben möglich. Graf Appiani und Odoardo sind solche frühen „Aussteiger". Das heißt, es gibt Bereiche innerhalb der Welt, in die herrschaftliche Willkür, Politik und Intrige nicht dringen. Gegen den Hof wird – in Parallele zu Rousseau – die Natur gesetzt, gegen höfischen Prunk, gegen Eitelkeit, Galanterie und Intrige stehen die bürgerlichen Tugenden der Einfachkeit und Strenge. Damit bildet sich in der sich abscheidenden Privatwelt am Vorbild der unverfälschten Natur eine eigene, auf allgemeine Moralvorstellungen sich gründende Ideologie aus. In dieser Innenwelt bekommen die Frauen, ihre Erziehung und ihre Liebe, eine besondere Bedeutung. Auch das barocke constantia-Ideal wandelt sich. Es geht nicht mehr darum, der Welt und ihren Schlägen standzuhalten, sondern sich vielmehr vor ihr zu bewahren. Tugend wird dann auch nicht mehr aktiv, sondern passiv verstanden, denn der Mensch ist von sich aus eigentlich gut. Und so bekommt die Bewahrung der Unschuld, besonders der jungfräulichen, eine besondere Relevanz. Und nur angedeutet soll werden, daß von dieser Bewahrungsideologie im Moralischen Denkbezüge zu den Kapitalbildungstendenzen der Zeit im Ökonomischen reichen.

So ist bei aller Entschlossenheit Emiliens Freitod – denn es bleibt ein solcher, auch wenn es ihr Vater ist, der sie vor dem Schändlichsten bewahrt – keine weiterweisende und auf der Höhe der politischen Reflexion stehende Lösung. Die dramatische Wirklichkeit bleibt hinter der Ideologie zurück. Es ist eher ein Nachhall barocker Lösungsmuster, während Odoardos Absichten, den Prinzen seinem Gewissen und dem göttlichen Gericht zu überlassen, sich selbst aber der irdischen Gerichtsbarkeit zu unterstellen, die privatistisch-moralische Dimension des Bürgertums aufzeigt. Wie sehr in dieser frühen bürgerlichen Gesinnung eine besondere Art von Beschränktheit liegt, zeigt die einzig wirklich die Situation begreifende Gräfin Orsina. Sie sieht eine Veränderungsmöglichkeit allein über den Weg des gesellschaftlichen Denkens, der Emanzipation der Frau etwa und letztlich der aller Menschen aus der Bevormundung. Aber auch diese Einsicht ist noch eine private, entstand sie doch nur aus der persönlichen Erfahrung, aus gekränkter Eitelkeit und verschmähter Liebe.

Die Inszenierung der bürgerlichen Subjektivität in Lessings „Miß Sara Sampson"

Noch vor der „Emilia Galotti" hat Lessing in der „Miß Sara Sampson" ein Drama geschrieben, das die Privatisierungs- und Verinnerlichungstendenzen eine Stufe weitertreibt. Hält das bürgerliche Trauerspiel im Standeskonflikt – wie man noch in Schillers „Kabale und Liebe" sehen kann –, wenn auch in modifizierter Weise, nämlich immanent, am Barockdualismus fest, so verschärft sich gerade die Problematik dort, wo es seine Konflikte allein aus der privaten Sphäre entwickelt. Das ist in der „Miß Sara Sampson" und in Hebbels „Maria Magdalene" der Fall.

Die „Miß Sara Sampson" ist für das Problem der bürgerlichen Subjektivität ein zentrales Stück. Sie begründet nicht nur diesen neuen bürgerlichen Ansatz eines Verhältnisses von Mensch und Welt, sondern durchmißt zugleich auch schon dessen ganze Problematik. Die Frage, die das Drama stellt, lautet: Wer oder was steuert die Entscheidungen und Handlungen des Menschen, wenn die Welt und Öffentlichkeit als Komplement, als Korrektiv und Richtpunkt, aus dem Drama verschwindet und alles nur aus dem Inneren kommt? Wo liegen Maßstäbe und Kriterien? Diese Frage treibt damit implizit die andere weiter, die danach fragt, warum die bürgerliche Dramatik bei der Neukonstituierung der immanenten Weltverhältnisse allein der menschlichen Innerlichkeit nachgeht und nicht versucht, die äußeren Bedingungen zu verändern.

Woher also stammen die Regulative, wenn alles nur auf das Private und Eigene zurückgeführt wird, wenn allein aus dem Inneren entschieden werden kann? Die äußerste Privatheit besteht darin, daß jeder nur aus sich selbst heraus urteilt und bestimmt. In dieser Privatheit wird das Ich analog zur Natur als ein Wesen gesehen, das unverändert im Kern, im Selbst, besteht und gerade dann wahr und richtig handelt und urteilt, wenn es das aus sich heraus tut. Der Kern, das Selbst, die Natur des einzelnen, zeigt sich aber in seinen Empfindungen. Diese Empfindungen sind in einem doppelten Sinn subjektiv. Sie sind einmal das allen Handlungen, Erfahrungen und Entscheidungen immer schon Zugrundeliegende und der feste, formale Bezugspunkt für alles. Sie sind aber in ihrer individuellen Bestimmtheit auch nicht von allgemeiner Gültigkeit.

Der Gegenstandsbereich, in dem sich diese Thematik entfaltet, ist die empfindsame Liebe. Gleichwohl entsteht der dramatische Konflikt nicht allein aus ihr selbst, sondern gleichsam als Relikt der Öffentlichkeit gibt es noch eine andere Art von Liebe, die der empfindsamen entgegengesetzt wird. Diese wird verkörpert in der Marwood, die ihrerseits vom Lebensschicksal und vom Typ her eine Enkelin der Celinde ist. Für sie ist die

Liebe neben sinnlicher Lust vor allem auch soziales Ansehen und Versorgung. Ihr steht die reine Innerlichkeit der empfindsamen Liebe Saras gegenüber. Will Sara etwa die Ehe nur als Bestätigung ihrer Liebe, zur Verewigung ihrer Empfindungen gleichsam, ohne jegliche soziale Nebenabsicht, so geht es der Marwood allein um das öffentliche Ansehen. Sie ist sogar bereit, dafür ihr Kind, das sie von Mellefont hat, zu töten.

Diese Liebesauffassungen begründen auch die verschiedenen Urteile über Mellefont. Während Sara ihm sein Verhältnis zur Marwood vergibt, ohne allerdings vom gemeinsamen Kind der beiden zu wissen, worin letztlich die tragische Zuspitzung der Handlung gründet, sieht die Marwood in Mellefonts Liebe zur empfindsamen Sara nur eine Laune. Die empfindsame Liebe wird von ihr als eine besondere Spielart in die eigenen Liebesvorstellungen integriert. Sie wird gedeutet als ein neues Raffinement, als ein Reiz also, der Mellefont beherrscht und der wie alle Reize nicht von Dauer sein kann. Begründet ist diese Einschätzung in Mellefonts bisherigem Verhalten. In dieser Grundauffassung, die das Innerlich-Private nur zu einem Mittel und damit quasi öffentlich macht, geht die Marwood so weit, daß sie selbst die Empfindsame spielen und die Empfindsamkeit wie eine Ideologie gebrauchen kann. Zielvorstellungen und äußere Zwecke bestimmen die Marwood. Damit wird natürlich zugleich die Empfindsamkeit als verläßlicher Grund von Urteil und Handlung stark in Frage gestellt.

Sara dagegen lebt ganz aus ihrem Inneren heraus. Für sie sind die echten Empfindungen Ausdruck ihres Wesens. Nach ihnen handeln, heißt, aus sich selbst heraus handeln, seiner Natur, seinem Wesen folgen, also wahrhaft sein. Eine zweckhafte Verfälschung dieser Empfindungen liegt für sie außerhalb ihres Bewußtseins. Worin aber liegt die Verbindlichkeit eines so privaten Seins? Ist solch ein subjektiver Grund alles Tuns und Denkens wie die Empfindungen nicht reine Willkür?

Lessing geht davon aus, daß der Mensch in seinem Wesen gut ist und daß nur Konventionen, Interessen und Absichten sein Wesen entstellen, daß er also nur durch die öffentlich-politische Welt zur Verfälschung seines Wesens genötigt wird. Sein wahres Wesen zeigt sich in den Empfindungen, und das ist der Bereich des Privaten. Demgegenüber wird die öffentliche Welt noch fast wie im Barock als beherrscht von Verstellung, Absicht, Lüge und Schein angesehen. Das wahre und gute Wesen des Menschen ist die Humanität. Sie ist allen Menschen eigen. Sie ist aber nicht einfach beweisbar, sondern nur wie die Echtheit des Nathanschen Ringes durch die konkrete Lebensführung überprüfbar. Das nun, was diese wahren Empfindungen im Lebensvollzug beständig macht, was ihre Deformation verhindert, ist das Gewissen. Der Mensch hat seinen Grund im Gewissen, und die Empfindungsmannigfaltigkeiten haben in ihm ihre Einheit. Versichert das theologische Denken des Barock Wesen und Wahrheit in der Transzendenz, so werden hier beide immanent zu begründen versucht.

Das Gewissen verbindet das Individuum mit dem Allgemeinen, mit der Welt und den anderen Menschen. Es zeigt zugleich, wie der öffentliche Bereich, wie die Welt vom Ich aus gesehen und bestimmt werden muß: durch Verantwortung. Das Auseinanderfallen von Ich und Welt wird in dieser subjektiven Weise zu verhindern versucht. Die Öffentlichkeit ist von sich her ohne Gewissen, sie kann sich auch nicht selbst verantworten, wie die Gestalt der Marwood zeigt. Sie kann nur verantwortet werden durch Menschen in ihr, die sich zugleich in die äußerste Privatheit ihres Wesens zurückziehen. Damit bekommt der bürgerliche Rückzug ins Innere seines Wesens seine Rechtfertigung.

Muß alles in der Welt verantwortet werden, dann gründet sie letztlich im Subjekt und ist nicht mehr in ihrem Wesen von Gott bestimmt wie im Barock. Der Anspruch an den Menschen, an das, was ihm aufgegeben ist und was er soll, ist ungeheuerlich. Und es zeigt sich, daß er in der konkreten Wirklichkeit nicht einzulösen ist. Vielmehr kommt es immer zum Konflikt, wenn er versucht, seine empfindsame Wahrheit in der Welt durchzusetzen. Die Welt sperrt sich gegen seine verantwortliche Umgestaltung. Lebt er aus seinen Empfindungen, verletzt er soziale. Dieser Widerspruch scheint für die bürgerliche Epoche unaufhebbar. Und in dieser Unaufhebbarkeit gründen Rührung und Tränen der „Miß Sara Sampson“.

Da der Mensch aber unter dem Anspruch der Verantwortung steht, wird sein Scheitern als Schuld erfahren. Alle „guten“, das heißt, empfindsamen Menschen sind je nach Grad ihrer Empfindsamkeit schuldig. Mellefont ist es, weil er die Unschuld verführt hat, Sara, weil sie sich verführen ließ und ihren Vater verlassen hat, Sir William, weil er Mellefont im Hause aufnahm, vor allem aber, weil er seiner Tochter nicht früher vergeben hat. Alle haben ein schlechtes Gewissen, wie sich das Gewissen ja immer nur als schlechtes meldet.

Das Gewissen als Gegenpol zur Welt ist das Urteilszentrum und der Grund aller wahren Handlungen. Allein aus ihm entspringt das wahre Bewußtsein. Und in ihm gründet letztlich auch die Welt, sofern sie menschlich sein soll. In der gewissenhaften Verantwortung der Welt liegt die Veränderungsmöglichkeit. Und in diesem Gedanken gelangt die Subjektivität auf ihren Gipfel: sie muß die Welt tragen. Gewissen und Verantwortung muten dem Menschen die totale innerweltliche Bestimmung zu. Zwar impliziert dieser Gedanke bei Lessing, daß der Mensch in dieser Aufgabe immer wieder schuldig wird, daß er immer streben muß und sich der wahren Lösung nie erfreuen kann, so die Leidensfähigkeit des Menschen sensibilisierend, aber im Grunde etabliert er eine neue Hypertrophie des Menschen, antik gesprochen, seine Hybris.

Zwei herkömmliche Auffassungen versammeln sich in diesem Lessingschen Gedanken. Einmal die christliche, worin der Mensch zum Gott wohlgefälligen Leben gehalten ist, zugleich aber immer sein sündiges Versagen erfahren muß, zum anderen der subjektivistische Ansatz der neueren Philosophie, in der Herrschaft durch Unterwerfung etwa unter die Natur formuliert wurde. Die Welt begründen und verändern, heißt, sie beherrschen. Und im subjektivistischen Ansatz wird die Welt gerade dadurch beherrsch- und veränderbar, daß der Mensch sich ihren Gesetzen und ihrer Objektivität unterwirft, ja, daß in dieser Unterwerfung die Welt erst als objektiv erfahren wird.

Wie stark dieser merkwürdige Zug ist, zeigt sich an der Handlungsführung der „Miß Sara Sampson", in der jeder – außer der Marwood – der Unterlegene, der Schuldige sein will. Schuldig sein aber heißt, im Grunde doch die Verantwortung zu haben, also zuständig zu sein. Hierin offenbart sich der subjektivistische Omnipotenzanspruch des bürgerlichen Gewissens. Die Handlung der „Miß Sara Sampson" gleicht einem umgekehrten Ringkampf, in dem jeder der Unterlegene (und das heißt: subiectum) sein will. Aber in diesem Ringen um Unterlegenheit verselbständigen sich die Handlungen und Reflexionen. Das Gewissen kennt offenbar in sich selbst keine Grenzen. Es wird solange räsonniert, bis man unterlegen ist, weil man so den anderen zu bestimmten Verhaltensweisen veranlassen kann. Die Reflexionsmöglichkeiten scheinen wie in II/3 und IV/1 unendlich. Die Eigendynamik ist so groß, daß das Gewissen sich unter ihr pervertiert und der Unterlegenheitswille als Herrschaftswille zum Vorschein kommt.

Damit werden indirekt schon die Grenzen und Probleme bürgerlicher Subjektivität aufgewiesen. Es geht zudem verloren, daß das Gewissen dem Menschen durch Erziehung und In-der-Welt-sein konditioniert wird, also gerade kein festes Wesen beschreibt. Die partielle Festigkeit des Gewissens in dieser bürgerlichen Phase stammt noch ganz aus deren religiöser Bestimmung. Sowohl bei Sara als auch später bei Schillers Luise ist das Gewissen nichts anderes als das Ergebnis dieser religiösen Erziehung.

Das Gewissen also sensibilisiert das Ich, aber es leitet auch die unendliche Verkehrung der Argumente bis zum jeweiligen Unterliegen. Es ist religiösen Ursprungs, bewirkt aber zugleich eine Verlagerung des Göttlichen in den Menschen. Der Mensch ist es, der durch das Gewissen zur Allmacht berufen ist. Aus diesem Gefühl heraus will im Stück auch jeder geben, wie der Schöpfer-Gott. Dagegen können die empfindsamen Personen nicht annehmen. Hier wäre in der Tat nehmen seliger denn geben. So wird Sir William in III/5 in seiner Vergebungsbereitschaft zum „göttlichen Vater", zugleich aber wird diese Göttlichkeit als Wollust empfunden, was die Diskrepanz zur scheinbaren Imitatio Christi zeigt. Damit steigt der

Vater – wie dann bei Schiller – zum psychischen Repräsentanten Gottes auf, und die Familienbeziehungen orientieren sich am christlichen Heilsmodell. Die Welt wird überwunden und die Schuld des Versagens vergeben in der Geborgenheit des Privaten.

Auch Mellefont, der vom lasterhaften Leben zur empfindsamen Liebe geführt wird, der aber doch auch immer wieder vor der Ehe zurückscheut, da er zwar Sara ewig aus der Freiheit seiner Empfindungen, aber nicht aus dem Sollen einer Institution lieben will, kann Vergebung nicht annehmen. Im letzten Rückzug auf sein Selbst gibt er sich den Tod und ist erst dann bereit, die Vergebung Sir Williams anzunehmen. Ähnlich tut es Sara. Aber sie überschreitet im Sterben diese gleichsam noch barocke Haltung. Denn im Angesicht des Todes löst die Gewissensreflexion auch noch den Herrschaftsanspruch des Ichs auf, und sie erkennt, daß eigentlich nichts bleibt als dankbare Hinnahme. Sie stirbt fast als Heilige.

Diese neue Dimension, die erst angesichts des Todes, der unbeherrschbaren Wirklichkeit, erreicht wird und schon einen Abschied vom bürgerlichen Verhaltensmuster darstellt, hat für Sir William soziale Konsequenzen. Nicht nur, daß er Arabella, die Tochter Mellefonts und der Marwood, als Enkelkind aufnimmt, er hebt auch die Dienerstellung Waitwells auf und nimmt so gleichsam die Gleichheit aller Menschen im Jenseits auf Erden vorweg.

Überhaupt die Diener! Es ist Waitwell, der Sara auf die grundsätzliche Gnadenbedürftigkeit hinweist und ihr zu ihrer neuen Haltung verhilft. Und es ist Norton, Mellefonts Diener, der seinem Herrn zur Versöhnungsbereitschaft und zur Annahme von Sir Williams Vergebung rät. Er artikuliert die Auffassung des „Pöbels", der die Sache nimmt, wie sie sich ihm zeigt. Eine Versöhnung würde einfach Freude auslösen, ohne Wenn und Aber. Der einfache Mann hat noch ein unverstelltes Gefühl, „das bei Vornehmern durch tausend unnatürliche Vorstellungen verderbt und geschwächt wird." (IV, 3) Dieses Gefühl ist etwas anderes als die allein aus dem Subjekt stammenden Empfindungen. Diese erscheinen hier vielmehr als komplementär zu den verdrehten Verhältnissen der Welt, als Eiertanz. Und es muß gefragt werden, woher diese „unnatürlichen Vorstellungen" kommen, wenn es doch in der Empfindsamkeit gerade darum ging, das unverstellte Wesen des Menschen zum Ausdruck zu bringen. Woher stammt die neue Unsicherheit im Werten und Beurteilen bei den Bürgern? Sie muß damit zusammenhängen, daß alle Weltverhältnisse im Subjekt gründen. Verlagern sich alle Begründungen auf das Innere des Menschen, auf sein Gewissen, dann führt das formal zu einer Dynamisierung der Argumentation und zu einer unendlichen Reflexion, die jede Position selbst wieder aufhebt. Es gibt offenbar doch nichts Festes und Wesenhaftes im Menschen. Der Mensch hat offenbar kein gleichbleibendes Sein. Außerdem ist das Gewissen inhaltlich von Umwelt und Erziehung geprägt, enthält also Kriterien, die selbst historisch sind und daher obsolet werden können. Die Entdeckung der Gnadenabhängigkeit ist daher eine, wenn auch für Saras Leben zu späte, Rückführung zur Wirklichkeit. Der Pöbel hat diesen Herrschaftsanspruch des Subjekts nicht mitgemacht. Er steht im praktischen Leben, wo Inneres und Äußeres noch verbunden sind. Anstelle des selbstbewußten,selbstherrlichen Wissens des Gewissens kennt er noch ein praktisches Wissen, ein Wozu. Das liefert ihm immer ein Korrektiv, während das nur aus sich selbst kommende Wissen letztlich doch ohne Maßstab bleibt.

Die bürgerliche Literatur schlug nach dem Zerfall der transzendenten Bezüge den Weg nach innen ein, weil nur dort die festen Gründe für den Menschen in der Welt gesucht und entdeckt werden konnten. Öffentlichkeit und Welt selbst blieben von barocken Zügen beherrscht. Aber schon in Lessings „Miß Sara Sampson" stellt sich heraus, wie fragwürdig und problematisch ein solch fester Ankergrund im Menschen ist. Sein Subjektsein ermöglicht zwar formal ein neues Weltverhältnis – und so gehört der Formalismus zur bürgerlichen Entwicklung wesensmäßig hinzu –, zeigt sich aber substantiell seiner begründenden Aufgabe nicht gewachsen. Der Fortgang des bürgerlichen Trauerspiels überholt diese frühe Einsicht nicht mehr, sondern verdeckt oder entfaltet sie nur in immer neuer Suche und in neuen Anläufen.

Subjektivität und Sittlichkeit: Schillers „Kabale und Liebe"

In Schillers „Kabale und Liebe" setzen sich Motive und Tendenzen aus den beiden bürgerlichen Trauerspielen Lessings fort. Aber beide Seiten, öffentliche und private Welt, werden hier auf einer anderen Realisierungsstufe, nämlich auf einer politisch bestimmten, zusammengeführt. Der bürgerliche Rückzug in die Privatheit hat ja zugleich die Öffentlichkeit der Politik preisgegeben, die nun ihrerseits diese Zweiteilung bestimmt und verfestigt. Das führt zu einer Stabilisierung beider Seiten. An die Stelle einer von Willkür beherrschten, fortunaähnlichen Öffentlichkeit tritt die höfische Welt eines konkreten deutschen Duodezfürstentums mit eigenen Spielregeln und Verhaltensweisen, und an die Stelle eines in endlosen Reflexionen sich auflösenden Gewissens tritt ein Verhalten, das nach klaren Werthierarchien geordnet ist und eben die bürgerliche Welt ausmacht. Beide Welten stehen in einem sich abgrenzenden und sich ablehnenden

Gleichgewicht zueinander. Ihre Hauptrepräsentanten, der Präsident und der alte Miller, lehnen eine Vermischung beider Sphären ab.

Die höfische Welt ist eine der Karriere und der Herrschaft. Deren Grundzüge sind die einer säkularisierten Fortunawelt und lassen noch immer die barocke Nachwirkung spüren. Der Unterschied und die gewisse Stabilität besteht aber darin, daß Heuchelei, Betrug, Erfolgssucht, Machtgier bis zur Kriminalität durch eine strenge Hierarchie gesteuert und stabilisiert werden. Anders als eine bürgerliche Konkurrenzgesellschaft im wirtschaftlichen Sinne, die sich durch das freie Spiel des Marktes tragen und korrigieren soll, ist hier die politische Macht das ausschlaggebende Moment. Das alles wird verdeckt durch einen Ehrbegriff, der öffentliches Ansehen zum kalkulierbaren Faktum macht. Auch in dieser höfischen Welt geht es nicht um wirkliches Sein, sondern um den Schein des Ansehens. Aber bei aller Willkür und Unwahrhaftigkeit folgt diese Welt doch eigenen Gesetzen. Sie hat eine eigene im Hierarchischen verankerte Zweckrationalität. Das Handeln ist ausschließlich von egoistischen Interessen bestimmt, aber es ist zugleich auf die Spitze der Hierarchie orientiert. Das macht das Spiel mit den höfischen Verhaltensweisen rational. Dabei wird allerdings die grundsätzliche Problematik einer solchen Zweckrationalität hinsichtlich ihrer Wahrheit und sittlichen Qualität sichtbar. Im Sinne solcher Interessen können dann auch die Standesgrenzen überschritten werden, wenn etwa der Präsident und Wurm zusammenarbeiten, die beide sowohl eine kriminelle Vergangenheit als auch jeweils nur persönliche Ziele haben.

Diesen Denk- und Verhaltensstrukturen unterliegt in der höfischen Welt auch der Bereich der Liebe. Sie wird in diesem Zusammenhang ebenfalls eine öffentliche und politische Angelegenheit. So möchte der Präsident seinen Sohn Ferdinand als Mittel zur eigenen Machtsteigerung mit der ehemaligen Mätresse des Herzogs verheiraten. In der empfindsamen Liebe Ferdinands zu Luise sieht er lediglich ein Abenteuer, das Sekundäreigenschaften ausbildet, die man dann ebenfalls für die Karriere einsetzen kann. Die Liebe wird dabei ganz im Sinn der öffentlichen Welt als Reiz und Vergnügen und als soziales Ansehen bzw. Prestigezuwachs gedacht. Die Menschen in ihr sind wie in allen höfischen Machenschaften nur Mittel, niemals Selbstzweck. Sie sind also im eigentlichen Sinne nie selbständige Personen, vielmehr werden sie im Hinblick auf die herrschenden Verhaltensgesetze und die Mechanismen der höfischen Welt entpersonalisiert.

Der wesentliche Unterschied von „Kabale und Liebe“ zur „Miß Sara Sampson“ liegt aber im Bereich der Innerlichkeit. Die Subjektivität des Privatbereichs ist hier nicht mehr offen und sich selbst überlassen. Das Gewissen unterliegt nicht mehr nur der eigenen Dynamik, sondern ist klar werthaft geprägt, und zwar durch die christliche Religion. Auch hier also wird Stabilität durch Hierarchisierung gewonnen. Die Religion bestimmt auf zwei Weisen die bürgerlich-private Welt. Einmal spricht sie sich in der empfindsamen Liebe aus und läßt in ihr das wahre, von höfischen Manipulationen unverstellte Wesen des Menschen erscheinen, zum anderen zeigt sie sich in der göttlichen Stellung des Vaters. Sie hat also ein substantielles und ein formales Moment. Die empfindsame Liebe als freie Liebesentscheidung über alle irdischen Bedingungen hinweg stößt zum ewigen und von Gott gegebenen Wesen des Menschen vor. Als göttliche Liebe schränkt sie die reine Subjektivität ein, sie ist prädestiniert. Gott selbst ist der letzte Grund der Liebe. Daher kann Luise auch wiederholt ihrer Liebe zu Ferdinand für dieses Leben entsagen. Als göttliche wird die liebende Beziehung auf jeden Fall – nämlich im Jenseits – ihre Erfüllung finden.

Wenn die empfindsame Liebe aus dem Willen Gottes entspringt, dann ist sie Gottesdienst, dann wird durch sie und im Geliebten Gott erfahren. Der Schöpfer spiegelt sich in der Schöpfung, und der Geliebte ist „(Gottes) Meisterstück" (I, 3). Vor dieser Auffassung zerfallen Standesunterschiede, Konventionen und äußerliche Verhaltensregeln zu nichts. Die Innengründung der liebenden Entscheidung hat in der religiösen Auflage wieder einen Halt gefunden. Wenn aber Gott sich in seiner Schöpfung spiegelt, dann müssen auch die inneren Verhältnisse der Schöpfung auf Gott bezogen werden. Und so spiegelt sich das Verhältnis von Schöpfer-Gott zu Geschöpf in der bürgerlichen Familie im Verhältnis von Vater zu Kind. Das formale Vater-Kind-Verhältnis selbst ist göttlich und nicht seine qualitativen Momente. Es sind also gleichsam objektive Gegebenheiten, die den Vater zum Repräsentanten auf Erden machen. In diesem objektiven Verhältnis liegt für Luise die sittlich-religiöse Weltordnung beschlossen. Anders als bei Sir William wird hier die Göttlichkeit des Vaters nicht auf einen qualitativen Wesenszug wie Gnade und Vergebung gegründet, sondern auf das reine Schöpfersein.

Im Drama aber kommt nun das substantielle Moment der Göttlichkeit in der Liebe, die ja immer einen Bestimmten liebt, in Konflikt mit der formalen Seite der Gottesrepräsentation durch das bloße Vatersein. Zum einen kann der alte Miller den Gedanken der Göttlichkeit der Liebe nicht nachvollziehen. Er denkt streng in seinen Standesgrenzen: da Ferdinand aus der höfischen Welt kommt, wird auch für ihn die Liebe nur ein Abenteuer sein. Zum anderen beurteilt Luise Ferdinands Vater anders als Ferdinand selbst. Will Ferdinand sich in II/5 gegen seinen Vater stellen und „den Faden zwischen mir und der Schöpfung" zerreißen, ja den Mord seines Vaters publik machen, will er in III/4 mit Luise aus der politischen Welt in die Natur fliehen, in die Wüsten – wohin ihm die Milford etwa folgen würde(!) –, so schaudert Luise vor dem Fluch des Präsidenten und nimmt das Vater-Kind-Verhältnis ihres Geliebten für wichter als ihre

Liebe. Das heißt aber, daß sie die formale und objektive Seite der Sichtbarkeit Gottes in der Welt über die qualitätiv-subjektive stellt.

Diese Haltung Luisens ermöglicht die Intrige, denn sie gibt Ferdinand einen Moment des Zweifels. Seine Liebe dagegen ist reiner Ausdruck seiner Subjektivität. Sie ist Selbstverwirklichung seiner Wünsche ohne Wenn und Aber. Und wenn die Gesellschaft diese Wesensverwirklichung nicht zuläßt, dann muß er das außerhalb von ihr versuchen. Für Luise verwirklicht sich in der Liebe letztlich Gott. Und Gottes Wille wird nicht durch eine Verletzung von Gottes Ordnung vollzogen. Das wird deutlich am Eid, den sie hält, und daran, mit welchen Argumenten ihr Vater sie von ihren Selbstmordgedanken abbringt. So quälend auch dieser Konflikt in ihrer Brust ist.

Auf der anderen Seite ist die allein subjektive, innerweltliche Einstellung Ferdinands nur konsequent zu Ende gedacht, wenn er sich und Luise angesichts der verlogenen Welt ermordet. Es ist keine Frage, daß die versuchte Verankerung der Subjektivität bei Luise für Schiller die höhere Form darstellt als die reine Subjektivität Ferdinands. In der Einbettung des Menschen in allgemeine Wertvorstellungen wird klassisches Gedankengut antizipiert. Der Versuch, die Eigendynamik und Selbstauflösung des subjektiven Ichs, die sich in der „Miß Sara Sampson" zeigten, aufzuheben, führt das bürgerliche Drama zum Entwurf allgemeiner Verbindlichkeiten, hier noch orientiert an der Religion und einem gleichsam noch barocken Dualismus. Das können dann aber auch die gesellschaftlichen Spielregeln sein, über deren Regeln nicht befunden wird, wenn sie nur regeln und damit stabilisieren, was wiederum in ein rein formalistisches law-and-order-Denken münden kann.Es sind dann auch die Bemühungen um Objektivität – etwa in der Auffassung vom Vatersein in der Analogie zum Schöpfer-Gott. Und das sind dann vor allem Moral und Gesetz als Orientierungsnormen, die das hilflos schwankende Subjekt aus sich selbst heraus – autonom – setzt, um der chaotischen Willkür zu entfliehen. Reine Subjektivität führt in den Tod.

In allen diesen Lösungsversuchen wird der implizite Formalismus deutlich, der die bürgerliche Epoche durchherrscht. Kann das Subjekt nur bestehen, wenn es sich einem Allgemeinen unterwirft, so konstituiert es das Allgemeine doch als ein Formales, das seinerseits das Subjekt zur reinen Formalie aushöhlt. In der Interdependenz von Subjekt und Objekt entwirklichen sich beide Seiten. Schiller bevorzugt von den „Räubern" an die dramatische Lösung durch ein solches Setzen eines Allgemeinen. Auch in „Kabale und Liebe" stellen sich der Präsident und Wurm der allgemeinen Gerichtsbarkeit. Darin gründet das Vertrauen, daß trotz der aufgezeigten gesellschaftlichen Zustände Moral und Gesetz auch in einer höfischen Welt durchgesetzt werden können. Die öffentliche und die private Welt stabilisieren sich nur dadurch, daß es, vom Bürger aus gesehen, höhere Instanzen gibt, denen sich der Bürger bereits unterworfen hat und von denen er hofft, daß sie zur standesüberwindenden Gleichheit führen mögen. Als solche höhere Instanz wird in „Kabale und Liebe" die Religion begriffen. Sie ist in ihrer Verbindung mit der subjektiven Empfindung, indem sie die unverstellte Wahrheit bekräftigt und legitimiert, ein zerstörerisches Element in einem auf Macht, Verstellung und Lüge gründenden höfischen Herrschaftssystem. Zugleich ist sie aber auch ein Stabilisierungsfaktor der ständischen Unterschiede. Was aber geschieht, wenn Religiosität und anlog zu ihr die Moral nicht mehr die Grundlage bürgerlichen Handelns und Urteilens bilden?

Welt- und Menschlichkeitsverlust in Hebbels „Maria Magdalene"

Diese Frage versucht Friedrich Hebbel in seiner „Maria Magdalene" zu beantworten. Er will einen neuen Vorstoß unternehmen und die bürgerlichen Verhaltensweisen und Institutionen von ihrem „äußeren Haken" lösen und sie nur auf und in sich selbst gründen. Als solche „äußeren Haken" müssen nicht nur die stabilisierten politischen Verhältnisse der Ständegesellschaft gesehen werden, sondern auch die privatisierte Religion und das vom Subjekt selbst gesetzte Allgemeine, die Moral also, aus der er sich selbst Kriterium und Richtschnur des Denkens und Handelns gab. Diese „äußeren Haken" haben ihren Halt in festen hierarchischen Vorstellungen, und diese werden bei aller Säkularisation noch immer analog zu theologischen Denkstrukturen gesehen. Eine Beseitigung des „äußeren Hakens" heißt daher, die Wert- und Urteilshierarchien abzubauen und noch radikaler als Lessing den Menschen allein von sich her bestimmen zu lassen.

Die Folgen eines solchen „hakenlosen" Subjektseins sind deprimierend. Sie widerlegen die theoretischen Forderungen Hebbels. Anstelle einer tieferen Begründung des menschlichen Weltverhaltens zeigt sich dessen völliger Zerfall. Die Welt selbst schrumpft auf eine kleinbürgerliche Enge zusammen. Alles wird gleichsam Innenraum. Der vom Barock her überkommende Dualismus wird weltlos und nur zum inneren Widerspruch der Personen selbst. Was einmal Öffenlichkeit war, wird nur indirekt und verinnerlicht an den Wirkungen sichtbar. Die Personen vereinzeln. Da jeder als Subjekt nur aus sich heraus lebt, lebt er am anderen vorbei. Das kann man an den monologischen Dialogen ablesen. Ein Verständnis untereinander oder eine innere Entwicklung der Personen gibt es nicht. Die Charaktere sind abgeschlossen, ja in ihrem Subjektsein geradezu verkapselt. Und auch das widerspricht Hebbels eigener Dramentheorie. Verantwortung und Gewissen, die bei Lessing in welchen Verdrehungen auch immer über den einzelnen hinaus wirkten, erscheinen gleichsam als privatisiert.

Wie kommt das? Setzt sich das Subjekt nicht durch ein Allgemeines eine gleichsam immanente Transzendenz, um die Weltverhältnisse zu strukturieren, so bleibt es gleichwohl ein Zugrundeliegendes, Bezugspunkt und Fundament des Weltverständnisses. Unter was aber stellt sich das Subjekt, wenn offenbar seine sittliche Autonomie verlorengegangen ist, wenn auch der „äußere Haken", jener Münchhausensche Zopf der Selbstregulierung, nicht mehr akzeptiert wird? Das Subjekt unterwirft sich dann dem jeweils einzelnen. Und das muß es auch nach Hebbels Theorie. Denn auch die einzelnen Dinge und Institutionen sollen ja jeweils von sich selbst her verstanden werden. In dieser Zurücknahme auf das Subjektsein verselbständigen sich die Dinge, werden sie objektiviert und zugleich zum verfügbaren Gegenstand. Damit ist einerseits der ursprünglich praktische Zusammenhang von Mensch und Welt verlorengegangen als auch die autonome Verbindlichkeit des Subjektseins. Das einzelne Subjekt konstituiert das einzelne Objekt, was dem Subjektbegriff einen zusätzlichen Aspekt gibt. Die Welt zerfällt in die Fülle der Objekte, deren gemäße Erfassung die positivistische Erkenntnis ist.

Diesen Weltzustand beschreibt die „Maria Magdalene" exakt. Die Isoliertheit des Menschen unter diesen Bedingungen zeigt sich am deutlichsten in Meister Anton. Aber sie zeigt sich auch in der Liebe, dem zentralen Thema des bürgerlichen Trauerspiels. Diese zerfällt nämlich, wie an Klara zu sehen ist, die ihre empfindsame Jugendliebe zum Sekretär nach dessen Weggang zugunsten einer ehelichen Versorgung durch Leonhard aufgibt. Wird auch die Liebe objektiviert, ein Ding gleichsam, dann kann man über sie verfügen. Sie wird wechselhaft brauchbar. Bei Leonhard zeigt sich das darin, daß sie allein von seinen Karriereabsichten gesteuert wird. Eine solche Liebe verdinglicht dann auch die Personen. Sie ist als Objekt sich selbst und des anderen niemals sicher. Ob sie wirklich besteht oder nicht, bedarf des Beweises. Er erst konstituiert sie, aber als Gegenstand. Auf der anderen Seite versichert man sich eines Gegenstandes durch Aneignung. So muß Klara ihre Liebe zu Leonhard durch ihre Hingabe beweisen und sie buchstäblich in einer Schwangerschaft objektivieren. Und als Leonhard sich trotzdem zugunsten seiner Karriere von ihr abwendet, muß sie sich bis hin zu dem Angebot, ihm als Sklavin gehören zu wollen, wenn er sie nur heirate, wirklich zum Ding entwürdigen.

Auch der zurückgekehrte Sekretär entgeht diesem Vergegenständlichungsprozeß nicht. Als er von Klaras Schwangerschaft erfährt, kann er nicht über seinen Schatten springen: „Darüber kann kein Mann weg!" (II/5)

Die Lösung, die er sucht, ist ebenfalls eine objektive. Im Duell tötet er Leonhard, um so den Wissenden gleichsam als Ding aus der Welt zu schaffen. Selbst tödlich verwundet, erkennt er dann aber doch seine Schuld, die darin besteht, daß er Klara nicht einfach in die Arme genommen hat, so die sich verfestigende Subjekt-Objekt-Korrelation aufhebend in wirklicher Liebe.

Was läßt sich an diesen Verhältnissen ablesen? Die verschärfte und radikalisierte Gründung der menschlichen Weltverhältnisse auf sein Subjektsein ohne den strukturierenden „Haken" eines verbindlichen Allgemeinen bringt nicht den Zusatz an Freiheit und Sittlichkeit, wie Hebbel ihn erhofft hatte, vielmehr mündet diese Art Selbstverwirklichung in neuen Abhängigkeiten. Konstituiert das einzelne Subjekt nur einzelne Objekte, dann erscheint die aus der Fülle der Objekte bestehende Welt ungeordnet, chaotisch und ziellos. Der handelnde Mensch muß sich in einer solchen Welt in neue, ungeprüfte Abhängigkeiten begeben, will er überhaupt etwas tun. Was als Selbstsein gedacht war, zeigt sich als Fremdbestimmung.

Was Leonhard bestimmt, ist das Karrieredenken, unter dem er alle Fakten beurteilt. Der Sekretär wird vom bürgerlichen Ansehen, von feudalen Lösungsmodellen wie dem Duell und von seiner eitlen Männlichkeit bestimmt. Und Klara endlich unterwirft sich der Konvention, die für eine Frau der bürgerlichen Gesellschaft darin besteht, daß bewahrte Unschuld Beweis und Kapital der Tugend ist.

In dieser radikalisierten Form des die Objektivität der Welt bestimmenden Subjektseins werden die Konflikte entgeschichtlicht. Was auf geschichtliche Bedingungen zurückgeführt werden müßte, gibt sich als zeitlos, als Geschlechterkampf, der aus einem ewigen Mann- und Frausein selbst hervorgehen scheint.

Nun liefe die ganze Verwicklung nicht mit solcher Notwendigkeit ab, gäbe es nicht den Meister Anton, auf den eigentlich alles bezogen ist. Er ist es, der mit Selbstmord droht, wenn seine Tochter ihm Schande machte, und der sie damit in Entwürdigung und Tod treibt. An seinem Verhalten und an seinen Äußerungen läßt sich ablesen, zu welchen Konsequenzen der von Hebbel beschriebene Weltzustand führt.

Vor allem in I/5 legt Meister Anton seine Auffassungen dar. Die wichtigste davon ist die, daß er in Hinblick auf die Menschen und ihre Verhältnisse das Denken suspendiert. Zwar verknüpft er in der Natur noch einige Begebenheiten miteinander, aber dies nicht aus eigener Denkkraft, sondern weil Gewohnheit ihm die Richtigkeit seiner Urteile versichert, aber ein wirkliches Denken, das Bezüge und Zusammenhänge herstellt, das urteilt, verbietet er sich. Im Denken und Urteilen sieht er, der Tischlermeister, – wie im Hobeln – einen Eingriff in das Gegebene. Seine positivistische

Maxime lautet: „Ich mache bloß Erfahrungen über sie (die Menschen) und nehme mir ein Beispiel an meinen beiden Augen, die auch nicht denken, sondern nur sehen.“ In einem solchen Rückzug auf das bloße Subjektsein, auf eine Art Fotoplatte für Phänomene, glaubt er, Menschen und Verhältnisse objektiv, das heißt, wie sie von sich her sind, erfahren zu können. Aber kann man ohne Urteilskriterien, ohne Denken, aus bloßen Wahrnehmungen Erfahrungen gewinnen? Was zeigt sich, ohne daß es gezeigt wird? Wenn nichts Regulatives in das „bloße Sehen“ eingreift – und seien es wie in den früheren Dramen Gott, die Moral oder das Gewissen –, dann regeln sich die Wahrnehmungen unter den nicht erkennbaren, aber herrschenden Gesichtspunkten der Konvention und der geistigen Moden zu Erfahrungen. Das aber bedeutet, daß sich die Erfahrungen an die Plausibilitäten des Zeitgeistes ausliefern. Denn wie sehr Meister Anton sich auch immer zurücknimmt, als lebender Mensch ist er in den praktischen Lebenszusammenhang einbezogen. Eine rein zuschauende, nämlich theoretische Position wäre der Tod. So führt der Rückzug auf das bloße Hinnehmen nur zu unreflektierter Abhängigkeit.

Meister Anton wird von Konventionen beherrscht. Er muß sich immer hartnäckiger und konservativer auf sie berufen, weil sie für ihn der einzig verläßliche Grund seines Verhaltens sind. Die Angst vor der gesellschaftlichen Schande wird dann die letzte Richtschnur seines Handelns. Fehlt ein innerer, aus dem Denken entstehender Grund für die Urteile, dann bestimmen Vorurteile. Und ganz von solchen Vorurteilen ist sein Verhältnis zu seinem Sohn Karl bestimmt. Weil die Lebensauffassung der Jugend seinen bürgerlichen Vorstellungen widerspricht, ganz gleich aus welchen Gründen, ist er sofort bereit, auch seinerseits den Sohn des Diebstahls zu verdächtigen. Die Herrschaft der Konvention führt zum Konflikt mit der Realität, ja zu deren Vergewaltigung, wie sich auch bei Leonhard zeigt.

Der Widerspruch zwischen Vorurteil und Denkenthaltung ist nur ein scheinbarer. Vielmehr ist beides mit Notwendigkeit verknüpft. Subjektiv sein heißt Vorurteile haben, was dem Subjektbegriff einen weiteren Aspekt hinzufügt. Für Meister Anton verbirgt sich die Vorurteilsstruktur, weil es ihm in einer fremder werdenden Welt allein auf die Bewahrung seines Selbst ankommt. Dies gelingt offenbar nur auf einem weiteren Weg nach innen, dadurch, daß er immer subjektiver wird. Letztlich besteht sie im formalen, leeren Subjektsein des Menschen, das sich selbst aber an die Konventionen ausliefert, sich also rückwärts orientiert und in einem strengeren Sinne reaktionär ist. Diese Bewahrungsintention ist eine bürgerliche Spielart der heroischen constantia, und wie diese gibt sie die Welt als ganze preis, zur Zeit Hebbels an die Objektivität. Als solche ist sie für den subjektiven Menschen nicht mehr zu verstehen. Die versuchte Gründung des Weltzustandes auf den Gedanken des Selbstseins, die Hebbel im

Vorwort zur „Maria Magdalene“ verheißen hatte, endet im Schlußwort Meister Antons mit dem Eingeständnis des geistigen Endes: „Ich verstehe die Welt nicht mehr!“ (III/11)

Die Welt als Spiel: Schnitzlers „Liebelei“

Das ist zwar ein Ende, auch das mögliche Ende einer Gattung, aber die Geschichte richtet sich nicht nach dem Erkenntnisstand ihrer bestimmenden Grundlagen. Das war auch schon in der theoretischen Diskussion in der Mitte des 19. Jahrhunderts festzustellen. Zu beobachten war, daß bei der Innengründung der Weltverhältnisse im Menschen sich beide Seiten, Mensch und Welt, entwirklichen. Meister Anton steht, zwar nicht durch sich bestimmt, aber von traditioneller Moral und bürgerlicher Weltauffassung getragen, verstehenslos vor der Wirklichkeit. Aber gerade die nicht mehr verstandene und in chaotische Beliebigkeit gesetzte Wirklichkeit höhlt die Konventionen aus. Die jüngere Generation wird haltlos. Sein Sohn Karl kennt schon keine Verbindlichkeiten mehr. Es bleiben Glücksstreben und Genußsucht.

In einer solchen strukturlosen Alltäglichkeit zerfällt auch die traditionelle Tragödienstruktur. Gleichwohl bleibt das Subjektsein des Menschen wesentlicher Grundzug. Verwies die handwerkliche Kleinbürgerwelt der „Maria Magdalene“ noch indirekt auf Ökonomie und Arbeit, deren Strukturen sie gleichsam privatisierte und zu Formen des mitmenschlichen Umgangs machte, so wird in den späteren Dramen, die man immer noch dem bürgerlichen Trauerspiel zurechnen kann, der Privatbereich hermetisch geschlossen. Bei Gerhart Hauptmann im „Friedensfest“ etwa finden wir die zerstörende Kraft allein in den sich verkapselnden Menschen, und bei Schnitzler wird die Problematik des bürgerlichen Trauerspiels ebenfalls in rein privater Sphäre fortgesetzt. Bei ihm bestimmen sich das Subjektsein, das nicht mehr in der Sittlichkeit eines personalen und verantwortlichen Ichs gesehen wird, sondern sich zur leeren Form des reinen Bezugs entleert hat, und die chaotische Welt auf neue Weise. Der vorherrschende Zug beider ist die Unverbindlichkeit. In ihr zeigt sich der Grad der Entwirklichung. Unverbindliche Objektivität und leeres Subjekt konstituieren ihr Verhältnis zueinander als bloßes Spiel. Das Spiel hat den Charakter der leeren, objektiven Form ohne Sinn. Es wird objektiv dadurch, daß sich das Subjekt seinen Regeln unterwirft und es eben darum auch beherrscht. Auf das mitmenschliche Verhalten bezogen, funktionalisiert und objektiviert es den Partner und bleibt ohne sittlichen Lebensernst. Liebe unter solchen Bedingungen wird zur „Liebelei“, wie Schnitzler sein erfolgreichstes Drama von 1894 nennt.

Die empfindsame Liebe der Tradition erscheint in diesem Stück als anachronistisch. Christine wird wie ihre leichtlebige Freundin Mizi als süßes Mädel betrachtet. Als solche sind sie für die beiden Studenten und Reserveoffiziere Fritz und Theodor zunächst nur Abwechslung innerhalb der Tristesse des Alltags. Vor allem Theodor formuliert immer wieder den Spielcharakter der Liebesbeziehungen. Liebe hat Amüsement und Erholung zu sein, sie soll leicht einzugehen und komplikationsfrei aufzugeben sein, vor allem aber soll sie vom alltäglichen Leben ablenken, kurz, sie soll als Abenteuer das Leben angenehm machen und versüßen. Das Selbstsein wird im Genuß gesehen, in dem man die Dinge und Verhältnisse nur noch hinnimmt und nicht mehr erkennen und gestalten will. Gleichwohl bleiben gerade im Genuß alle Lebensbezüge dem Selbst zugeordnet und von diesem her bestimmt. Hier wird die Unverbindlichkeit einer nur mehr konsumierenden Haltung, die sich heute zeigt, präformiert.

Süße Mädel sind daher auch besser als „dämonische Weiber“. Mit dieser Einsicht spielt Theodor auf Fritz an, der sich in ein leidenschaftliches Abenteuer mit einer verheirateten Frau verstrickt hat. Eigentlich paßt eine solche Leidenschaft nicht zu der moderat-melancholischen Weltsicht, die sich mit den Gegebenheiten abzufinden weiß. In der Geliebten einen Dämon oder Engel zu sehen, ist anachronistische Romantik. Und von dieser Romantik will Theodor seinen Freund durch ein leichteres Abenteuer befreien. Doch für Christine ist Fritz der erste Mann. Sie liebt ihn mit allen Fasern ihres Herzens. Wenn sie auch vorgibt, zu wissen, daß die Beziehung nicht „ewig“ währen wird, so rechnet sie doch damit und ist entsprechend eifersüchtig.

Ermangeln dieser Liebe Dauer und „Ewigkeit“ als Momente, die den Augenblick transzendieren, so fehlen in dieser Spielwelt auch Verantwortung und Gewissen. Das Subjekt ist substanzlos geworden. Theodor, der die Wirklichkeit als Spiel begreift und sie damit – wenn das Paradoxon erlaubt ist – entwirklicht, rät daher auch dringend ab, ein Gewissen zu haben. Seine Devise lautet: „Besser *ich* als ein andrer.“ (I)

Der Konflikt entsteht, als Fritz gewaltsam aus seiner Leidenschaft gerissen wird. Der Ehemann hat das Verhältnis entdeckt und fordert ihn zum Duell. Aber gerade durch die konventionalisierte Spielform des Duells bricht eine Wirklichkeitserfahrung anderer Art ein, der Tod, und gibt einen neuen Lebensernst zurück. Und so erkennt Fritz im Zimmer Christines die ganze Innigkeit, Geborgenheit und Echtheit ihrer Liebe. Weder Leidenschaft noch Liebelei, die ja beide nur der Intensität nach verschieden, aber beide Spiel und Abenteuer sind, erfüllen seine innere Sehnsucht. Im Moment des Zu-Ende-Seins bekommt die subjektive Empfindung zeitgeschichtliche Relevanz. Sie verdeutlicht jene allgemeine Stimmung des Wiener fin de siècle, die in der Einsicht besteht, daß alles vorbei ist, nicht nur das eigene Leben, sondern auch generell die Möglichkeit, wahr, echt und sinnerfüllt zu sein, und die gerade darin einen anderen, besseren Zustand menschlichen Seins noch einmal aufscheinen läßt. Es gibt nichts mehr von Dauer. Aber im Bewußtsein des Todes gibt es „Augenblicke, die den Duft von Ewigkeit um sich sprühen . . . Das ist die einzige, die wir verstehen können, die einzige, die uns gehört . . .“ (II)

Das spielerische Subjekt endet in der Trostlosigkeit, die objektive Welt bleibt ein unverbindliches, eintöniges Spiel, und Christine muß in ihrem Wahrhaftigkeitsanspruch vor der Absurdität dieser Wirklichkeit verzweifeln, in der der Geliebte für eine andere Frau fällt. Nur im Tod kann sie ihren Anspruch einlösen.

Am deutlichsten wird die Veränderung zu den früheren bürgerlichen Trauerspielen in der Gestalt des Vaters. Musikus wie der alte Miller, vertritt er eine völlig gegenläufige Auffassung und ist doch, wie alle Väter, Exponent der geschichtlichen Bedeutung. Weiring will nicht mehr wie die anderen Väter seine Tochter „bewahren“ und darin die bestimmende Verfügung des väterlichen Subjekts zeigen, vielmehr gönnt er ihr das bißchen Glück, auch wenn es Irrtum ist und ihm die Reue folgt, weil Glück und Lebensfreude in der Erinnerung die einzige Substanz in der tristen Alltäglichkeit des bürgerlichen Lebens ist.

Mit dieser neuen Einstellung entlarvt er die bürgerlichen Vatergestalten in ihrer Subjektivität. Er drängt in seiner gewährenden Liebe aus dieser heraus. Seine Liebe ist mehr als die große Vergebung Sir Williams, sie beinhaltet die Preisgabe des Herrschafts- und Verfügungsanspruches über Menschen und Welt, als welche das Subjektsein sich gezeigt hatte. Zielt die Bewegung des Subjekts auf sich selbst, reißt es alles an sich, um in sich den verläßlichen Grund für die Weltverhältnisse zu finden, hat Weiring den Nihilismus dieser Bewegung erkannt. Leer und substanzlos erwies sich das Subjekt. Bei ihm geht die Bewegung zu den Menschen, von sich weg, wird praktisch, helfend und gründet im Miteinander ein neues Vertrauen. Seine Haltung ist die des Schenkens und Gebens. Seiner Tochter kann er dies neue Leben anbieten, weil sie in ihrer Liebe die objektivistische Spielwelt durchbrochen und so etwas wie Lebenssinn erfahren hat. Daß sie aber diese neue Wahrheit nicht annehmen kann, wie ihre Schwester Sara, sondern Fritz in den Tod folgt, liegt am subjektiven Charakter ihrer empfindsamen Liebe. Es ist mehr als Erschütterung, daß ihr Vater sie nicht zurückholen kann.

Gleichwohl ist der Durchbruchsversuch des Vaters noch keine Lösung insgesamt. Auch sie gilt nur für den privaten, zwischenmenschlichen Bereich und verändert noch nicht umfassend die Grundverhältnisse in der Welt. Gerade diese Privatlösung macht auch dieses Drama noch zu einem bürgerlichen Trauerspiel. Solange Subjektivität und Objektivität als Beherrschung und Entwirklichung die Weltverhältnisse bestimmen, bleibt die bürgerliche Entwicklungslinie geschichtlich wirksam, so obsolet sie auch erscheinen mag. Eine Begründung der Verhältnisse des Menschen zur Welt in seinem Inneren, in seinem Subjektsein, wird jedenfalls im bürgerlichen Trauerspiel als gescheitert und unmöglich erwiesen.

Resümiert man die geschichtliche Entwicklung des bürgerlichen Trauerspiels und der in ihr sich zeigenden Subjektivität, dann läßt sich feststellen, daß die Gründung der Weltverhältnisse auf das Subjekt schon bei Lessing fragwürdig wird. Dennoch gelingt es dem Subjektsein immer wieder, Formen zu finden, die seine „Haltlosigkeit“ verschleiern. Jede neue scheinbare Verbindlichkeit einer subjektiven Lösung nötigt zugleich, radikaler ihren Begründungen nachzufragen. Dies geschah – und das ist entscheidend – unter der leitenden metaphysischen Fragestellung nach dem letzten Grund. Damit gräbt sich diese Frage immer tiefer in die Problematik der Subjektivität ein, und es wird verstehbar, warum die bürgerliche Entwicklung immer nur den Weg nach innen ging. Ein Ansatz über die Veränderung der äußeren Gegebenheiten erschien unter dieser Fragestellung von vornherein als vergeblich. Wo sollte die Verläßlichkeit in der Außenwelt herkommen? Aber ein solcher Weg verbietet sich auch dann, wenn die Wirklichkeit in nichts anderem gesehen wird als in Objekten, die zu manipulieren sind, um vorteilhafte politische Rückwirkungen beim Subjekt zu erreichen. Das Grundverhältnis von Mensch und Welt müßte sich ändern. Beide Seiten dürften nicht von ihrem Selbstsein, sondern nur von ihrem Mit-einander-Sein her begriffen werden, jeweils aufeinander angewiesen und eins durch das andere bestimmt. Erst eine solche grundsätzliche Einstellungsänderung gäbe den Freiraum für eine nachbürgerliche Kunst.

Die Problematik der Objektivität – eine Unterrichtsreihe zum Thema „Realitätsverunsicherung"*

Aufbau einer Unterrichtsreihe: Annette von Droste Hülshoffs „Judenbuche"

Literarische Reihenbildung ist in doppelter Hinsicht sinnvoll[11]. Einmal legt sie im Verfahren der Erkenntnisgewinnung offen, daß jedes Verstehen, jede Sinnfindung, ob diese nun hermeneutisch oder semiotisch begründet werden, auf einem Vorwissen oder auf einem steuernden Systemzusammenhang basieren. In diesem Sinne produziert sozusagen eine Reihe den Horizont für die jeweiligen Textverständnisse mit und macht die in jedem Verstehensprozeß gegebene Problemlage von Thema und Horizont oder von systembedingter Zeichenbedeutung sinnfällig. Zum anderen ist literarische Reihenbildung auch didaktisch besonders relevant, da sie in Zeiten verkümmernder Textlektüre ermöglicht, mehr Texte in geringerer Zeit sinnvoll zu lesen. Denn die am ersten Text gewonnenen Problemkonstanten brauchen in den Folgetexten nur in ihren Modifizierungen verfolgt zu werden, ohne daß man diese Texte erneut in extenso und im Detail durchinterpretieren muß. Gleichwohl verfehlt eine solche Textbehandlung, wenn sie sich auf die Sinnaussage konzentriert und nicht vordergründig Motive zur Grundlage der Reihenbildung macht, das jeweilige Problemzentrum nicht. Literarische Reihen kann man nun synchron oder diachron aufbauen. Beide Male zielen sie auf geschichtliche Erkenntnis, wobei der geschichtliche Sinn didaktisch nachhaltiger sich sicher bei einer Veränderung der Problemlage, also in einer diachronischen Reihe studieren läßt.

Die „Judenbuche" bietet sich als ein Ausgangstext für eine Reihenbildung als gängiger Schultext der S I-Stufe an. Gleichwohl zeigt gerade dieser Text besondere Schwierigkeiten. Um ihn zum tragenden Fundament einer Reihenbildung machen zu können, muß man entschiedener nach seiner zentralen Aussage fragen. Detailuntersuchungen, formale Beobachtungen usw. haben in diesem Verfahren für sich genommen, sozusagen als

---

*) Zuerst unter dem Titel Aufbau einer Unterrichtsreihe auf der Basis der „Judenbuche" von Annette von Droste-Hülshoff (Gerhart Hauptmann „Bahnwärter Thiel", Peter Handke „Die Angst des Tormanns beim Elfmeter" u. a.), veröffentlicht in: Literatur für Leser, 1981/1.

11 Vgl. auch zu diesem Aufsatz die theoretischen Begründungen des Verf.: Die Wiedergewinnung der historischen Dimension im Literaturunterricht. In: LiLi, Beiheft 5, 1977.

objektive Forschungsergebnisse, weniger Wert. Sie müssen schon auf ein Gesamtverständnis bezogen werden, um die Frage beantworten zu können, woraufhin die „Judenbuche“ denn eigentlich zu verstehen ist. Aber gerade in diesem Zusammenhang tut man sich bei der „Judenbuche“ schwer. Als Basistext für eine literarische Reihe bedarf sie also einer Neuinterpretation.

Die deutenden Bemühungen um die „Judenbuche“ sind zahlreich. Sie sind fast durchweg von hoher Qualität und zeigen philologischen Scharfsinn. Gleichwohl scheinen sie mir als Basisinterpretationen nicht auszureichen. Versucht man etwas summarisch, die verschiedenen Interpretationsansätze auf einen Nenner zu bringen, so kann man sagen, daß die wichtigsten Interpretationen dahingehen, die offensichtlichen Ungereimtheiten und Unklarheiten in der „Judenbuche“ aufzuklären und die Einheit der Geschichte zum Zwecke des Verständnisses „aufzudecken“[12]. Es ist das Verdienst von W. Freund[13], sich diesem „Aufklärungszwang“ mit seinem frühen Aufsatz entzogen und am Text nachgewiesen zu haben, daß z. B. die Identifikation des Aaron-Mörders als Friedrich Mergel für den Leser nicht stringent erfolgt. In diesem Sinne wird dann in vielen Interpretationen von der „Dunkelheit“ der „Judenbuche“ gesprochen. Ob die Interpretationsansätze nun gattungstheoretisch auf den Novellencharakter zielen, dessen Einheit sich im Dingsymbol der „Buche“ verdeutlicht[14], oder ob das Narbenmotiv scharfsinnig über die Erwähnung des Ulysses in der geschichtlichen Exposition, über die Kerbe im Stiel der Mordaxt usw. als durchgängige Indizienkette herausgearbeitet wird[15], ob in religiöser Deutung eine quasi transzendente Einheit der erzählten Geschichte gesucht oder editorisch der „Fehler“ bei der letzten Jahreszahl (Mergel kommt am 24. 12. 1788 aus der Sklaverei zurück, kann sich also nicht, wie in der ersten Ausgabe steht, im September 1788 erhängt haben) stillschweigend in 1789 korrigiert wird, überall ist Aufklärung und Vereinheitlichung mit dem Ziel am Werke, die „Judenbuche“ besser verstehen zu können.

Gleichwohl bleiben Zweifel, ob damit der richtige Grundansatz zum Verständnis der „Judenbuche“ gefunden worden ist oder ob nicht viel-

---

12 So jüngst noch Roland Schneider in seinem fundierten Aufsatz: Möglichkeiten und Grenzen des Frührealismus im „Biedermeier“. „Die Judenbuche“ der Annette von Droste-Hülshoffs f. In: der Deutschunterricht, Jg. 31, Heft 2, 1979.

13 Winfried Freund: Der Mörder des Juden Aaron. Zur Problematik von Annette von Droste-Hülshoffs Erzählungen „Die Judenbuche“. In Wirkendes Wort, Jg. 19, 1969.

14 So vor allem Benno v. Wiese in seiner Interpretation der „Judenbuche“ in: Die Deutsche Novelle. Von Goethe bis Kafka. Düsseldorf 1956.

15 Gerard Oppermann: Die Narbe des Friedrich Mergel. Zur Aufklärung eines literarischen Motivs in Annette von Droste-Hülshoffs „Die Judenbuche“. In: DVjs 1976.

mehr geläufige Interpretationsmuster den Verstehensvorgang bestimmen. Nimmt man den Text, so wie er vorliegt, ernst, dann ergeben sich doch zahlreiche Fragen, die mit obigen Verfahren nicht zureichend beantwortet werden können. Vor allem dürfen die Ungereimtheiten des Textes nicht einfach wegdiskutiert werden.

Um dem Text voll gerecht zu werden, gehe ich von einer Beschreibung seiner groben Sinnstruktur aus. Dem vorangestellten Gedicht, dessen moralische Intention zwar klar ist, aber dessen Notwendigkeit für das Textverständnis doch erwiesen werden muß, folgen 5 größere Sinneinheiten. Man kann sie wie folgt benennen:

1. Soziale, ökonomische, landschaftliche und geschichtliche Bedingungen der erzählten Geschichte – eine Art Exposition.
2. Einflüsse auf die Kindheitsentwicklung Friedrich Mergels – besonders der Tod des Vaters, der hochmütige, unruhige Menschenschlag des Dorfes, die Religiosität der Mutter und die Adoption durch den undurchsichtigen Simon.
3. Der Mord an Brandes.
4. Der Mord an Aaron und der Fluch.
5. Die Heimkehr und die Erfüllung des Fluches der Judenbuche.

Schon aus dieser Grobstruktur ergeben sich erste Einsichten in den Textcharakter. Verunsicherung ist das durchgängige Prinzip. Die beiden Morde werden nicht aufgeklärt, der Tod des Vaters bleibt ebenso geheimnisvoll wie die Geschäfte Simons. Der Holzfrevel der Blaukittel läßt sich nicht mit dem der Bewohner des Dorfes B. zur Deckung bringen, und Johannes Niemand, dessen Herkunft niemand kennt, der aber ein unehelicher Sohn Simons sein könnte, führt als Doppelgänger selbst Friedrichs Mutter irre und läßt bis zum Schluß offen, wer der Erhängte an der Judenbuche ist. Die Narbe als textimmanente Identifikation Friedrich Mergels am Schluß der Erzählung taucht im Text vorher nie auf, ja eine zweite Erwähnung ist von der Droste aus einer früheren Fassung bewußt eliminiert worden. Zu fragen bleibt auch, ob die Judenbuche identisch ist mit der, unter welcher Simon den jungen Friedrich mit „Geselle" anredet, oder mit der, nach der Förster Brandes in die falsche Richtung gewiesen wird. Und schließlich wird das Symbolverständnis der Buche bewußt dadurch unterbrochen, daß als ein markanter Baum eine Eiche erwähnt wird, unter der Hermann Mergel, Friedrichs Vater, tot aufgefunden wurde.

Diese Ungewißheiten werden durch ein Verwirrspiel der Zeiten verstärkt. Auf drei zeitlichen Ebenen muß man den Text beziehen, will man seine geschichtliche Dimension erkennen. Da ist einmal die Zeit der Erzählhandlung, in der die Lebensgeschichte Friedrich Mergels zwischen 1738 und 1788 (1789) angesiedelt ist. Dann gibt es die Zeit der Textvorlage, vom Onkel der Droste, August von Haxthausen, 1818 in der Göttinger „Wünschelruthe“ unter dem Titel „Geschichte eines Algerier-Sklaven“ veröffentlicht, die den historischen Fall des J. H. Winkelhagen/Winkelhannes für die Zeit von 1764-1806 bezeugt. Und schließlich ist die Zeit der Niederschrift und Veröffentlichung wichtig, also die Zeit zwischen 1837 und 1842. Der Zeitpunkt der Veröffentlichung fällt interessanterweise mit den beiden ersten grundlegenden Artikeln von Karl Marx zusammen, die dieser im Oktober 1842 in der „Rheinischen Zeitung“ über die Verhandlungen des 6. Landtags zum Holzdiebstahlgesetz veröffentlichte.

Schon an dieser Stelle seien Zweifel erlaubt, ob die von der Lebensgeschichte Mergels her zu berechnende unstimmige Jahreszahl 1788 am Schluß so fehlerhaft ist, wie die Editoren meinen. Der Droste, die sich fast ihr ganzes Erwachsenenleben mit dem Stoff aus ihrer Familienüberlieferung beschäftigte, die ihn bewußt zeitlich versetzte, wäre wohl kaum so ein Fehler unterlaufen. Es scheint vielmehr so zu sein, als ob sie die Französische Revolution als markantes Datum für die Geschichtlichkeit ihres Stoffes brauchte, dies aber gleichzeitig wieder durch die runde Zahl der Lebensjahre (50) verschleiernd zurücknehmen wollte, damit neue Unsicherheit schaffend. So wie sie die Narbe Friedrichs durch die Tilgung einer zweiten Erwähnung als Erkennungszeichen bewußt eliminiert hat, so darf man auch bei dieser Verwechslung der Jahreszahlen auf einen bewußten Akt schließen.

Ähnliche Verunsicherung stellt sich auch bei einer gattungsmäßigen Zuordnung ein. Was ist „Die Judenbuche“? Eine Novelle? Dagegen sprechen viele Momente. Die Linearität der Erzählung, die dramatische Zuspitzung auf eine „unerhörte Begebenheit“, die konstante Dingsymbolik fehlen oder sind bewußt durchbrochen. Die Erzählung ist weder konsequent auf Friedrich Mergel ausgerichtet noch straff auf ein Ziel hin durchorganisiert. Vielmehr scheint sie aufgelöst in einzelne Bilder, parataktisch im Aufbau, sozusagen als Folge relativ selbstständiger „Erzählinseln“. An „unerhörten Begebenheiten“ gibt es nachgerade drei bis vier: etwa den geheimnisvollen Tod des Vaters, die Morde an Brandes und Aaron und schließlich das Selbstgericht unter dem Fluch der Inschrift der Judenbuche.

Ist die „Judenbuche“ eine Dorf-, eine Detektiv- oder Kriminalgeschichte? Von der Dorfgeschichte hat sie den Realismus, von der Detektivgeschichte die mehrfachen Detektionen, von der Kriminalgeschichte die Darstellung der Bedingungen eines Mörders und seiner sozialen Außenseiterexistenz: das unruhige, unternehmerische, hochmütige und schlaue Wesen des dörflichen Menschenschlages, das stolze Selbstbewußtsein und die Eitelkeit der Mutter, die beide zur superbia bei Friedrich führen, von der

Mutter vermittelt, die dörflichen Normen und Werte (Vorurteile gegen Juden und Förster zum Beispiel), die Labilität und Leidenschaftlichkeit des Vaters, die Einwirkung des „bösen“ Simon usw. Entscheidend ist aber, daß Detektiv- und Kriminalgeschichte auf Aufklärung aus sind, welche im Falle der „Judenbuche“ versagt wird. Die Vergeblichkeit der Detektion, ja die Beendigung aller Mutmaßungen und Verdächtigungen durch ein scheinbar zutreffendes Geständnis des Lumpenmoises, das dann aber selbst wieder eingeschränkt wird, machen die Gegentendenz der „Judenbuche“ zur Aufklärungsstruktur der beiden letzten Gattungen deutlich. Das Prinzip der Droste ist Verunklärung und damit Kritik an den möglichen gattungsmäßigen Eindeutigkeiten. Auch die Elemente der Schicksalstragödie, die verschleiert – bis ins hebräische Schriftbild – im Fluch oder im fatalen Requisit (Simons Axt) zu erkennen sind, dienen gerade nicht der Erfüllung einer zeitgenössischen Gattungsnorm.

Die aus den Bauformen, Handlungsführungen und Personendarstellungen erwachsenen Irritationen werden unterstrichen und verschärft, wenn man die Erzählweise im engeren Sinne untersucht. Hier lassen sich drei verschiedene Erzählweisen unterscheiden. Einmal bemüht sich die Verfasserin, rein dokumentarisch zu berichten oder objektiv bestimmte Zustände zu beschreiben, zum anderen ist sie die allwissende Erzählerin, die fiktional das dokumentarische Material überhöht, und schließlich berichtet sie in strenger Personalperspektive, aus der Friedrichs z. B., der nur hört, aber nicht versteht, was in der Nacht des Todes seines Vaters im Nebenzimmer vor sich geht.

Versichert die Droste wiederholt, daß ihre Geschichte wahr sei, daß sie nicht mehr sagen könne, als sie zeige, daß sie sich streng an die sichtbaren Fakten zu halten habe, so gibt sie in den fiktionalen Teilen doch Mitteilungen darüber hinaus, die beim Leser Mutmaßungen auslösen. So baut die Erzählerin für beide Morde im Vorfeld der Taten ausführliche Tatmotive für Friedrich Mergel auf, aber in beiden Fällen können die dokumentierten Fakten die erzeugten Lesermutmaßungen nicht erhärten. Beim Mord an Förster Brandes hat Friedrich ein einwandfreies Alibi, beim Mord an Aaron bezichtigt sich scheinbar ein anderer, der Lumpenmoises, der Tat. Die Erzählung verweigert also nicht nur konsequent eine erzählte Eindeutigkeit, sondern desorientiert den Leser durch das Verwirrspiel von Fiktion und Dokument so, daß auch ihm die Sinnfindung des Geschehens unmöglich wird. In diesem Sinne der Irritation sind auch Doppelgängermotiv oder verbale Aussagen Friedrichs z. B. zu nehmen, die beide ihre verwirrende Funktion erst durch die Uneindeutigkeit des Kontextes erhalten.

Resümiert man diese Tendenzen, die sich im einzelnen leicht vermehren und aufzeigen lassen und von Schülern als Ausgang der Textuntersuchung genommen werden sollten, so ergibt sich, daß der ursprüngliche Erzählanspruch der Autorin, in der „Judenbuche“ zu erzählen, wie es wirklich war, auf eine sehr merkwürdige Art eingelöst wird. Die Objektivität ihrer Realitätswiedergabe erschöpft sich im Faktischen, aber dieses Faktische leistet nichts für die Wahrheitsfindung. Dagegen wird das Fiktionale benutzt, um die pure Faktizität in ihrer Sinnlosigkeit zu zeigen. Indem die Droste aber das Fiktionale nicht als Erzählperspektive über die Fakten hinaus erhebt und zu einer fiktionalen „Idee“ ausweitet, so daß die Idee das leistete, was die Fakten verweigern, sondern indem sie den fiktionalen Überstieg auch nur partiell einsetzt, gleichsam wie ein Positives und Faktisches selbst, ohne daß es einen Zusammenhang stiftet, geht das Fiktionale in einer rein kritischen, auf das Faktische bezogenen Funktion auf.

Das Zitat „Le vrai n' est pas toujours vraisemblable“ kann damit stellvertretend als Intention der Erzählerin angesehen werden und bildet die Grundlage für das Erzählprinzip der Irritation. Dieses erzählerische Verfahren ist somit verantwortlich für die angebliche „Dunkelheit“ der Erzählung. In ihm korrespondieren Realitätsverunsicherung und Leserverunsicherung, und erst beide gemeinsam konstituieren den Sinn der „Judenbuche“.

Wenn dies so ist, wird klar, warum Friedrich Mergel zwar das verbindende Band der Erzählung darstellt, gleichwohl aber nicht von ihm allein aus der Text erschlossen werden kann. Seine Person ist ein Element in einem größeren Kontext, ist nur ein Teil eines größeren Geschehens, nicht nur des Wirkens des Fluches, sondern der sozialen und ökonomischen Lage überhaupt, also der gesellschaftlichen Realität. Diese Realität ist Thema. Sie äußert sich im Zusammenhang z. B. von Faktischem und Mystifizierung, von Positivität und Aberglaube, von Banalität und Dämonisierung. Der Geist des Vaters, die Unheimlichkeiten des Brederholzes, die Dämonisierung Simons und die schicksalhafte Rechtsprechung z. B. übersteigen die beschreibbare Wirklichkeit und sind doch zugleich Wirkungsmechanismen im Geschehen selbst. Ihre literaturwissenschaftliche Rückführung auf romantische Elemente besagt wenig. Denn entscheidend ist ihre Funktion, und diese deutet ebenfalls auf eine Kritik des Wahrscheinlichen einer Welt hin, die zur Zeit der Droste immer stärker positivierte Züge und positivistisches Denken aufweist.

Fragt man, was Realitätsunsicherheit und Leserverunsicherung geschichtlich aussagen, so läßt sich unschwer eine Positivismuskritik erkennen. Der Versuch, über eine Faktendarstellung dem Zeitgeist zu entsprechen und ihn zugleich der Scheinhaftigkeit zu zeihen, verweist die Verfasserin und ihre Geschichte klar in die Zeit der Abfassung und Erscheinung der Erzählung (1842). In diesem Sinne ist das Werk kritische Zeitgenossenschaft. Kritik an flacher Aufklärungsrationalität – die kriminalistische (philologische) Detektion als Möglichkeit der Wahrheitsfindung erscheinen läßt – verweist nun ihrerseits auf die Religiosität der Eingangsverse. Diese Religiosität, die nicht nur im moralischen Sinne gemäß Johannes 8,7 das Urteil über eine Verfehlung versagt, sondern erst eigentlich die Wahrheit der Welt zu erkennen gibt als eine, deren Wirklichkeit selbst verunsichert ist, dient nicht der religiösen Verschleierung der Wirklichkeit der Welt, sondern verdeutlicht einen Standpunkt jenseits der unsicherer gewordenen Realität, um diese selbst in ihrem Sein und Sinn erst darstellbar machen zu können.

So liefert die „Judenbuche" eine Einsicht in die geschichtliche Situation der Welt um 1842. Wie steht es aber mit den anderen Zeiten? Um diese Frage beantworten zu können, muß der Blick noch einmal auf das Ganze der Erzählung gerichtet werden. Da ergibt sich, daß der Untertitel der Droste „Ein Sittengemälde aus dem gebirgichten Westfalen" genau zutrifft. Es geht nicht – wir sahen es schon – primär um ein personales Schicksal, sondern um die Darstellung von sozialen Zuständen im „gebirgichten Westfalen". Die Episoden aus dem Leben Friedrich Mergels müssen immer wieder in Zusammenhang gebracht werden mit der allgemeinen Beschreibung von Land und Leuten in der Exposition, die nicht von ungefähr sich anschließt an den ersten Satz mit Angaben zur Geburt Friedrich Mergels. Was es mit diesen sozialen Zuständen auf sich hat und welche geschichtliche Zeit in ihnen sich spiegelt und durch sie dargestellt wird, soll gleich untersucht werden. Wichtig erscheint mir an dieser Stelle noch einmal der Hinweis auf die Eigenart dieser Erzählung, von der aus sich sowohl die Sinnstruktur als auch die Erzählweisen noch einmal begründen lassen. Die Erzählung versteht sich selbst als ein Gemälde. Von hier aus werden parataktischer Aufbau, episodische Erzählung mit Zeitsprüngen und die Einbettung der Handlung in eine bestimmte Zuständlichkeit begreifbar. Vor allem auch die Passagen mit streng personaler Perspektive machen den bildhaften Charakter des Erzählens selbst deutlich.

Zu fragen bleibt also nach den sozio-ökonomischen Bedingungen des Geschehens, um von hier aus Rückschlüsse auf die intendierte Zeit zu gewinnen. Zunächst ist einmal die Abgeschiedenheit des Handlungsortes der übrigen Welt zu konstatieren. Gutsherrliche Abhängigkeit und weltliche Isolierung bestimmen das Dorf B. Zwei sich widerstreitende Rechtsnormen verwirren die Bewohner. Es handelt sich um den Widerstreit von germanischem und römischem Recht, welches letztere sich immer stärker im 19. Jahrhundert durchsetzt. Das germanische Recht oder Gewohnheitsrecht basiert auf Traditionen und sozial eingebundenen Normen, es markiert das Selbstverständliche des Verhaltens ohne Kodifizierung. Das römische Recht ist formales, an den Eigentumsverhältnissen entwickeltes.

In dieser formalen Art ist es zugleich abstrakt, abgehoben von den konkreten Bedingungen und Situationen. Das macht seine Allgemeingültigkeit aus. Und wie es im römischen Imperium entwickelt wurde, um die unterschiedlichen Stammesrechte zu überwinden und zu vereinheitlichen, so findet es überall dort Eingang, wo Ausweitungsprozesse zu beobachten sind.

Die formalistische Rechtsprechung hat ihr Pendant in der formalistisch-abstrakten Geldwirtschaft. Je mehr die Tauschgesellschaft vom Geldgeschäft verdrängt wurde, desto mehr bedurfte es einer formalistischen allgemeinen Rechtsgrundlage der Geschäfte. Sie geht nicht von qualitativen, sondern formalen Prinzipien aus, zu denen z. B. das Eigentum-sein einer Sache gehört.

Der hinter der „Judenbuche" sichtbar werdende Rechtskonflikt stellt sich am Beispiel des Holzdiebstahls dar. Im Unterschied zum bestellten Feld, zu dem durch Arbeit ertragreich gemachten Ackerland, wächst der Wald von selbst. Dieses Von-sich-selbst-her-Sein ist seit eh und je die Wesensbestimmung der Natur. Die Natur aber ist im Verständnisbereich der Droste von Gott und daher für alle da. Aus dieser Vorstellung entwickelt sich das Gewohnheitsrecht des Holzsammelns für den Eigenbedarf. Die Herausbildung von Besitzverhältnissen schränkt dann dieses Recht ein. Auch der Wald wird zum Eigentum erklärt, die Arbeit der Forstarbeiter und Förster wird als produktiver Aufwand verstanden, was den Wald als Eigentum sinnfällig macht. Nurmehr das Raffholz, das von der Natur getrennte, also abgefallene Trockenholz, steht dann als totes Gut noch allen Dorfbewohnern zu und ist kein Eigentum des Gutsherrn. Diese Konflikte ziehen sich durch die Jahrhunderte und führen dazu, daß die Dörfler bei den Paderborner Verwandten der Droste 1827 sogar das Recht bekommen, grünes Holz zu schlagen – ausgenommen Eichen –, weil mit dem Raffholz allein der Energiebedarf der Dorfbewohner nicht zu decken ist.

Die „Judenbuche" spielt nun in einer Umbruchszeit. Die enge, abgeschiedene Dorfgemeinschaft wird aufgebrochen. War früher schon jemand, der 30 Meilen außerhalb des Dorfes herumgekommen war, ein „Ulysses", so öffnen sich jetzt die von Landschaft, Ökonomie und Sozialverhalten gezogenen Grenzen. Die „neue Zeit" bringt größere Betriebsamkeit, Ausweitung der Beziehungen und Handel mit sich. Aus dieser Situation heraus wird das Holzproblem zum Holzfrevel, zum Verstoß gegen die Göttlichkeit der Natur und des Gewohnheitsrechts. Denn der Holzdiebstahl dient nicht mehr – als eine Art Mundraub – dem Eigenbedarf, sondern wird durch die Blaukittel z. B. und ihre holzfällenden Großaktionen zur Grundlage eines Handels. Dieses organisierte Holzschlagen verstößt so gegen die Eigentums- und die Gewohnheitsrechte gleichermaßen, kann aber nur über das formale römische Recht geahndet werden. Es stellt sich als verschärfter Eigentumskonflikt dar. Deswegen die Wachsamkeit der Förster. Denn die Holzfäller benutzen die geschlagenen Stämme und damit die aus sich selbst ergänzende Natur zu einem Geschäft. Sie verkaufen die Stämme, sie treiben über Wasserwege einen Handel, der durch seine Entfernung unüberschaubar geworden ist. (Die Dimensionen des unübersehbar weltweiten Handels sieht man auch am Phänomen des Sklavenhandels sowohl der Vorlage als auch am Schicksal Friedrich Mergels.)

Kannte man in diesem abgeschiedenen Fleckchen Erde vorher weder Fabriken noch Handel, waren die Welt und die Produktion überschaubar, waren von daher die Menschen bestimmt von innerem „Rechtsgefühl", so verändert sich nun in der Abstraktion des Handels, in den Bezügen zu unbekannten Gebieten der Mensch selbst. Die Beziehung auf ein äußeres, formales Recht wirkt „seelentötend". Diese sozial-ökonomische Umbruchsituation, die die Droste in einem Entwurf zur „Judenbuche" (A) noch viel ausführlicher thematisiert hatte[16], bildet den geschichtlichen Hintergrund der „Judenbuche". Mit ihm haben wir eine zweite geschichtliche Ebene erreicht, die der beginnenden Industrialisierung und der Ausweitung des Handels. Diese sozial-ökonomische Basis bezieht sich genau auf die Zeit der realen Vorlage, also auf den vom Onkel Haxthausen berichteten Fall, der von ca. 1764-1806 spielt und in den die Expansionen und Wirren der Napoleonischen Kriege noch zusätzlich hineinfallen.

Aber warum verlegt die Droste ihre Geschichte aus dieser vorgegebenen Zeit noch weiter ins 18. Jahrhundert zurück? Warum verlegt sie nicht ihre Zeitgenossenschaft um 1840, auf die sie sich, wie wir sahen, durch ihre Erzählweise mit der Kritik positivistischen Denkens bezieht? Warum wird Friedrich Mergels Leben zwischen 1738 und 1788/89 gespannt? Eine Antwort darauf müßte zugleich verständlich machen, warum die Droste das markante Datum 1789 zwar ihren Berechnungen der Lebensdaten zugrunde legt, es aber doch gleichsam „fehlerhaft" am Schluß der Erzählung verschleiert.

Eine Problemlösung läßt sich nur aus allen vorherigen Äußerungen erschließen. Für die Vorverlegung der Mergel-Handlung, die ausgerechnet im Revolutionsjahr 1789 endet, kann es nur den inneren Grund geben, dieses entscheidende Datum als wirkliche Grundlage für alle Probleme und Veränderungen, die in der „Judenbuche" behandelt werden, im Leser zu evozieren. Sowohl für die späteren sozioökonomischen Veränderungen im verlassenen „Erdwinkel" des Dorfes B. als auch für das positivistische Denken, sowohl also für die Industrialisierung und Handelserweiterung als

16 Abgedruckt in den vorzüglichen Erläuterungen und Dokumenten: Annette von Droste-Hülshoff – Die Judenbuche. Hrsg. v. Walter Huge, Stuttgart 1979.

auch für das römische Rechtsdenken und den Rechts- und Wissenschaftspositivismus ist die Französische Revolution das zentrale Ereignis. Das an die Macht kommende Bürgertum mit seiner formalen Gleichheitsforderung, seinem Individualismus und Eigentumsdenken bildet die Grundlage des Geschehens. Die hierarchische Struktur der Feudalzeit, der die adlige Droste ambivalent gegenübersteht, war überschaubar, bestimmte Seinsqualität und gesellschaftlichen Ort. Sie konnte sich in Patrimonialgerichtsbarkeit eine persönliche Rechtsprechung leisten, die je nach Grundherrn besser oder schlechter als eine formalistische Rechtsprechung aussehen konnte. Sie hatte im patriachalischen Verhältnis neben den negativen Zügen der Abhängigkeit auch die des personalen Bezugs und konnte bei einem guten Herrn auch so etwas wie Geborgenheitsgefühl vermitteln. Für die Droste ist es schwer, „jene Zeit unparteiisch ins Auge zu fassen; sie ist seit ihrem Verschwinden entweder hochmütig getadelt oder albern gelobt worden, da den, der sie erlebte, soviel teure Erinnerung blenden und der später Geborene sie nicht begreift“[17]. Es ist aber gerade die Mittelstellung der Droste, die sie in Zusammenhang mit ihrer, die realen Weltzustände transzendierenden Religiosität fähig macht, jene Umbruchszeit mit solchem Scharfblick, solcher Ehrlichkeit und so tiefer Zeiterhellung zu gestalten.

So gehen drei grundsätzliche Zeiterfahrungen in die Erzählung der Droste ein, die alle auf das gleiche Ziel, auf den gleichen Sinn gerichtet sind, nämlich eine Realitätsverunsicherung, die sich dem Leser durch bestimmte Erzählweisen mitteilt.

Realitätsverunsicherung als Thema

Das Thema der Realitätsverunsicherung in der „Judenbuche“ mußte so deutlich herausgearbeitet werden, weil von ihm aus auch die geläufigeren Interpretationsansätze neue Akzente erhalten. Diese anderen Themen brauchen hier nicht eigens expliziert zu werden, vielmehr genügt ihre Nennung und eine knappe Strukturbeschreibung. Für eine Reihenbildung können wir drei Anknüpfungsmomente in der „Judenbuche“ erkennen:

1. Die Realitätsverunsicherung auf der Ebene der dargestellten Wirklichkeit und beim Leser.
2. Die soziale Außenseiterproblematik eines durch Familie, Umwelt, dörfliche Normen usw. geprägten Friedrich Mergel, der schließlich die innere Schande der äußeren vorzieht.

17 So im Expositionsteil der „Judenbuche“.

3. Das Schicksalsmotiv, das Mergel trotz seiner Ausweichversuche eines Tages mit der hebräischen – also für ihn nicht lesbaren – Inschrift der Judenbuche konfrontiert und auf eine höhere als die weltliche Rechtssprechung verweist.

Da diese höhere Gerechtigkeit zugleich an einem Baum deutlich gemacht wird, also an einem einzelnen Exemplar des Naturbereichs, gegen den sich der Holzfrevel in der ganzen Erzählung richtet, erscheint die höhere Gerechtigkeit zugleich auch als eine Gerechtigkeit der Natur.

Ich habe am Anfang auf die beiden Möglichkeiten von Reihenbildung hingewiesen, die synchrone und die diachrone. Eine synchrone Reihe ließe sich mit Texten bilden, die die gleiche Zeiterfahrung der Realitätsverunsicherung im gleichen sozio-ökonomischen Umfeld artikulieren. Schon Gundolf[18] hat auf die Affinität der „Judenbuche" zu Büchners „Woyzeck" aufmerksam gemacht, und in der Tat finden wir zwei Zentralaussagen der „Judenbuche" im „Woyzeck" wieder: die soziale Determinierung der Hauptfigur, im „Woyzeck" zur äußersten Objekthaftigkeit gesteigert, und die Realitätsverunsicherung. Denn der „Woyzeck" ist ja nicht nur Fragment geblieben, weil Büchner nicht letzte Hand an ihn legen konnte, vielmehr deuten die Schwierigkeiten, einen stringenten Szenenablauf zu konstruieren, und die partielle Beliebigkeit der einzelnen Situationen im Gefüge des Ganzen ebenfalls auf eine Realitätsverunsicherung hin. Die Realität läßt sich nicht mehr in einer Abbildung einer in sich sinnträchtigen Handlung einfangen. Ihre Zusammenhänge und Ziele erscheinen verworren.

Bei einer diachronen Reihenbildung stellt sich die Frage, welches tragende Moment der „Judenbuche" zum Anknüpfungspunkt werden soll. Unter dem Gesichtspunkt der Realitätsverunsicherung fallen einem spontan Uwe Johnsons „Mutmaßungen über Jakob" ein. Aber bei dem Versuch, die Reihenbildung auf den S I-Bereich zu beschränken, muß man diesen Ansatz verwerfen. Nach dem bisher Gesagten müßte auch klar sein, daß die so beliebte Reihenbildung mit den üblichen Kriminalromanen oder Detektivgeschichten nicht in Frage kommen kann. Es wurde ja gerade aufgewiesen, daß eine solche gattungsmäßige Zuordnung für die „Judenbuche" untauglich ist. Vielmehr ergäbe sich eine Verbindung dort, wo selbst das Detektions- und Kriminalschema in Frage gestellt wird, wo also auf einen Realitätszustand verwiesen wird, dessen naive Aufklärung im Sinne des Gattungsmusters als unmöglich oder als problematisch erscheint oder in dem „Aufklärung" im kriminalistischen Sinn eine andere Realität zutage fördert als die, worauf die Aufklärung selbst zielt. Hier ist an

18 Friedrich Gundolf: Romantiker. Neue Folge. Berlin 1931. Auszug in Huge, vgl. Anm. 6.

Dürrenmatt zu denken, der den Kriminalroman selbst problematisiert hat, etwa an seine Erzählung „Die Panne“, die die Schuldthematik und das Eingeholtwerden vom eigenen Leben im Sinne eines Gerichtes und einer Sühne durch Selbstmord darstellt.

Dieser Strang des Eingeholtwerdens durch „Verfehlungen“ des vergangenen Lebens, sei es durch einen Mord wie in Wilhelm Raabes „Stopfkuchen“ oder sei es nur durch Unbedachtsamkeit und Egozentrizität wie in Franz Werfels „Der Abituriententag“, durch die im Sohne Tobias anwesend bleibende Vergangenheit einer ersten Ehe in Gerhart Hauptmanns „Bahnwärter Thiel“ oder die subjektive Präsenz eines Mordes in Peter Handkes „Die Angst des Tormanns beim Elfmeter“, böte weitere Auswahlmöglichkeiten.

Leichter ist es dann schon, für die Außenseiterthematik Anschlußtexte zu finden. Aber eine solche Reihenbehandlung wird in der Schule schon auf der Basis anderer Texte geleistet. In unserem Fall wären zu erwägen: Gottfried Keller „Romeo und Julia auf dem Dorfe“, Marie von Ebner-Eschenbach „Das Gemeindekind“, Oskar Maria Graf „Unruhe um einen Friedfertigen“, Max Frisch „Andorra“, Martin Sperr „Jagdszenen in Niederbayern“ und Heinrich Böll „Die verlorene Ehre der Katharina Blum“.

Alle diese Text würden im Anschluß an die „Judenbuche“ aber doch auch eine erhebliche Verkürzung der Problemlage darstellen, die ja eben nicht nur in der personalen Dimension aufging, sondern im Gegenteil die Geschichte Friedrich Mergels als eine Marginalie eines umfassenderen Geschehens zu deuten versuchte.

An Marie von Ebner-Eschenbachs „Das Gemeindekind“ läßt sich die Differenz zur Judenbuche-Problematik besonders gut zeigen. Denn Ausgangslage, soziales Umfeld und eine gewisse personale Problemkonstellation – böse aus Trotz sein müssen, weil die Dorfgemeinschaft einen sowieso als verderbt einschätzt – sind ähnlich. Aber die sozialkritische Studie vom Verbrecherkind in einer hartherzigen, egoistischen Dorfgemeinschaft wird von der Autorin doch in einen größeren Sinnzusammenhang gestellt. Einmal werden in dem Roman Positionen eingebracht, die den hermetischen Raum der Fallstudie Pavel Holubs transzendieren oder besser gesagt, die einfach außer ihm liegen: die Baronin z. B., die außerhalb des Dorfes auf ihrem Schloß wohnt, seine Schwester Milada, die fast als Heilige in einem entfernten Kloster lebt, und in gewisser Weise auch der Lehrer, der von auswärts kommt und auch den Gemeinderaum wieder verläßt, ja sich schließlich mit seinem moralischen Engagement in der weiten Welt verliert.

Von diesen Positionen gehen Wirkungen auf Pavel aus, der also nicht nur wie Friedrich Mergel von einer sozialen Binnenstruktur geprägt wird. Alle drei Positionen – vor allem aber die Heiligkeit seiner Schwester, die

Pavel sehr liebt, – bewegen ihn zum Guten. Der Lehrer bekämpft seinen Trotz, und die Baronin schenkt ihm schließlich ein Feld, so daß sein Besser-Werden auch materiell abgesichert ist und er nicht weiterhin der Gemeinde ausgeliefert bleibt. Erst durch die Güte außerhalb der Gemeinde gibt es Hoffnung und Entwicklungsmöglichkeiten für eine Besserung Pavels.

Vergleicht man den Roman mit der „Judenbuche", so erkennt man, daß über die soziale Realitätserfahrung und -beschreibung das ästhetische Lösungsschema des Entwicklungsromans gestülpt wurde, aus dem einzig die Veränderung Pavels zum Guten glaubwürdig wird. Für die geschichtliche Situation heißt das, daß die Härte der sozialen Situation am Ende des 19. Jahrhunderts nur darstellbar wird, indem sie ästhetisch überhöht und verwandelt wird. Es heißt aber auch, daß diese ästhetische Lösung durch das Entwicklungsromanschema für die Wirklichkeit des Lesers suggeriert, der einzelne könne, wenn er nur wolle, sich aus seinen sozialen Determinationen befreien. Auf beiden Wegen weicht die Ebner-Eschenbach vor ihren harten und in der deutschen Literatur äußerst seltenen Erkenntnissen der sozialen Realität in diesem Roman zurück in eine ästhetisch-ideologische Haltung. Wie wenig die Besserung aus eigener Kraft wirklich möglich ist, zeigen eben die drei außergemeindlichen Positionen, von denen das Kloster und die Gutsherrenschaft besonders markant aus dem normalen sozialen Kontext herausfallen, und das zeigt auch die materielle Absicherung durch das geschenkte Feld.

Hier kann nicht der ganze Roman analysiert werden, so auch nicht die Bedeutung des ebenfalls außergemeindlichen Gefängnisses, in dem Pavels Mutter unschuldig einsitzt. Wichtig ist aber der Hinweis darauf, daß hier gegen Ende des 19. Jahrhunderts die soziale Situation zwar gesehen, meisterhaft beschrieben, aber nicht mehr, wie bei der Droste, ausgehalten, sondern der ästhetisch-ideologischen Überhöhung zugeführt wird[19], wie sie der Weg einer möglichen individuellen Besserung beinhaltet.

Ein Roman, der die Außenseiterposition des Jude-Seins mit Kriminalelementen verbindet und erzähltechnisch eine ähnliche Realitätsverunsicherung auf beiden Ebenen, der der Geschichte und der des Lesers, erreicht, ist Johannes Bobrowskis „Levins Mühle". Auch dieser Roman dürfte der eh schon schwierigen Materie noch neue Schwierigkeiten hinzufügen, so daß er auf der S I-Stufe nicht behandelt werden kann.

An dieser Stelle nun seien einige didaktische Überlegungen zum Problem „Schwierigkeiten" eingeschoben. Die Ablehnung von Johnsons „Mutmaßungen über Jakob" und Bobrowskis „Levins Mühle" als Texte für die Sekundarstufe I gründet nicht in der Schwierigkeit der dort entfalteten

19 Daß die Droste dies nicht tut, ist ihr vom „poetischen Realismus", von Julian Schmidt bis Theodor Fontane, vorgeworfen worden.

Probleme, sondern in der Schwierigkeit des Textmaterials, das diese Problematik darstellt. Unter- oder Überforderung im Unterricht wurzeln jeweils in verschiedenen Bereichen. An Problematik und Problemdiskussion, also an Denkanstrenungen, wäre den Schülern viel mehr zuzumuten, als das vielerorts geschieht. Aber diese Problementfaltung und -diskussion muß aus Texten gewonnen werden, die den Leseanfänger noch zugänglich sind. Die „Judenbuche" stellt schon ein äußerstes Glied in den Möglichkeiten dar. Also nicht die substantiellen Probleme bieten die schulischen Schwierigkeiten, sondern die Präsentationsmaterialien. Probleme nämlich kann man zu jeder Zeit – wenn sie von Interesse für Schüler sind (eine Eheproblematik ist in Klasse 6 nicht in jedem Fall vermittelbar) – und eigentlich auf jeder Altersstufe behandeln, nur jeweils eben anders und in verschiedenen Tiefen- und Breitendimensionen. Das setzt beim Lehrer natürlich eine solche Durcharbeitung der Problematik voraus, daß diese eine nahezu philosophische Einfachheit gewinnt, ohne die Texte dabei zu verkürzen.

Alles dies berücksichtigend, möchte ich für eine Textreihe auf der Basis der „Judenbuche", als Möglichkeiten einer Unterrichtsbehandlung in Klasse 9 oder eher 10, die folgenden Texte heranziehen: „Bahnwärter Thiel" von Gerhart Hauptmann und „Die Angst des Tormanns beim Elfmeter" von Peter Handke. Im Austausch für den Handke-Text könnte als leichtere Variante auch „Die Panne" von Friedrich Dürrenmatt gewählt werden. Diesen Texten ist gemeinsam, daß sie nicht nur an einem Bedeutungselement der „Judenbuche" festzumachen sind. Sie enthalten – einmal mehr und einmal weniger – die Problematik sozialer Außen- oder Randstellung, zeigen die Wirkmächtigkeit des Vergangenen und liefern schließlich einen Beitrag zur Thematik der Realitätsverunsicherung, allerdings in historisch anderen Zeiten, also auch in anderen Ausprägungen.

Fortsetzungen:
Hauptmanns „Bahnwärter Thiel";
Dürrenmatts „Die Panne";
Handkes „Die Angst des Tormanns beim Elfmeter"

Eine Interpretation des „Bahnwärter Thiel" in unserem Zusammenhang müßte ihren Ausgang nehmen von den verschiedenen Gleichförmigkeiten, die Thiel umgeben und seine Realität ausmachen, ihn bestimmen und halten. Auch Thiel ist ein Außenseiter. Abgelehnt von der dörflichen Gesellschaft, zurückgezogen lebend, arbeitend an einem einsamen, entfernt liegenden Arbeitsplatz, sind seine sozialen Kontakte von vorneherein stark reduziert. Er ist in ausgesprochener Weise auf sich selbst angewiesen. Um so konsequenter adaptiert er die sozialen Normen, Gewohnheiten und Regelmäßigkeiten als einen Halt für sich selbst.

Diese Gleichförmigkeiten begegnen und bestimmen Thiel auf verschiedene Weise: als soziale Gleichförmigkeit des gewohnten, des geregelten Lebens, der monotonen Arbeit, des regelmäßigen Kirchgangs, als zeitweilige sexuelle Hörigkeit und regelmäßige Geschlechtsbeziehung zu Lene ohne Liebe und als die durch einen Fluß getrennte und wie eine andere Welt von der sozialen geschiedene Gleichförmigkeit der Natur an seinem Arbeitsplatz.

Auffällig ist nun, daß von Anfang an diese Bereiche der Gleichförmigkeit Risse aufweisen, so daß das Verhältnis von Kontinuum und Riß die bildliche Grundstruktur der gesamten Erzählung ausmacht. Spannung, Problematisierung und Verunsicherung gehen davon aus, daß diese Risse in den Gewohnheiten und Gleichförmigkeiten im Verlauf der Erzählung immer deutlicher werden und bis zum grausamen Schnitt durch die Kehle des Sohnes eine bildliche Steigerung erfahren. Das Bild des Risses, der die Einheit gegebener Realität durchtrennt, wird besonders im Schienenstrang deutlich, der die sonst unberührte Waldlandschaft durchschneidet. In der sprachlichen Ausgestaltung gerade dieses Naturbildes bekommt die Erzählung eine symbolische Dimension. Die Bedrohung, die von diesem Naturbild ausgeht, ist signifikant für die Bedrohung aller „Risse" auch im sozialen Bereich.

Einmal auf dieses zentrale Bild aufmerksam geworden, entdeckt man dann auch im sozialen Bereich immer häufiger das Moment des Durchbruchs durch eine geregelte Alltäglichkeit. Ob es der frühe Tod Minnas im Kindbett ist, die Fingerabdrücke auf Tobias Backe, dessen Schreien in der Stille der Ortschaft oder das vergessene Frühstück, die gekündigte Pacht des Kartoffelackers, wodurch erst ermöglicht wird, daß Lene in den Naturbereich von Thiels Arbeitsplatz eindringt usw., überall ist von Störung und Durchbruch die Rede. Die Realität des Bahnwärters, sein Sein, so wie er ist, wird aber nur durch Gewohnheiten und Regelmäßigkeiten, also durch Selbstverständlichkeiten versichert. So ist jeder Durchbruch, wie der der Eisenbahnlinie durch die Natur, eine Bedrohung seines Realitätsbewußtseins. Die Risse machen die Selbstverständlichkeit seiner Gewohnheitsrealität fragwürdig.

Dieses Fragwürdigwerden wird zunächst von Thiel zu kompensieren versucht. Er ist auf die Erhaltung der jeweiligen Einheit aus. Im Naturbereich tut er das, indem er in mystischen Gedanken über sich hinausgeht, so wenn etwa beschrieben wird, wie die Natur nach dem durchfahrenden Zug über dem „Waldwinkel" wieder zusammenschlägt, oder in den optischen und akustischen Bildern, in denen Natur und Technik eingefangen werden. Im sozialen Bereich leistet er die vorläufige Bewahrung des Selbstverständlichen durch eine Verdrängung aller Erschütterungen. Er, der starke, herkulische Mann, wehrt sich nicht, sondern nimmt hin. Solche Art Verdrängung eröffnet unterhalb des Selbstverständlichen und Alltäglichen eine andere Realitätsschicht. Gleichwohl gibt sie ihm aber kein neues Realitätsfundament. Das Problem der Erschütterung der Realitätserfahrung von Natur und Gewohnheit entfaltet sich aber nicht im barocken Muster von Schein und Sein. Thiels Realitätseinbettung wird zwar als scheinhaft entlarvt, aber nicht so, daß dahinter ein wirkliches Sein zu erkennen wäre. Denn was da als Verdrängung im Unbewußten liegt, ist keine neue Realität, ist von keiner Art verbindlicher Allgemeinheit. Vielmehr wird der Verdrängungskomplex gespeist von den individuellen Erfahrungen, Bildern und Elementen und ist so nichts anderes als das, was im individuellen Bereich die Erfahrungen allgemeiner Gewohnheiten zerstörte. Es ist also in viel entscheidenderer Weise ich-haft (wenn man diesen Ausdruck nicht psychoanalytisch verstehen will) und macht erst die Isolation und kommunikationslose Dumpfheit Thiels verständlich. Er ist allein – und wird es immer mehr – mit seinen eigenen Verdrängungen.

So strukturiert sich die Problemlage aus der Horizontalen der sozialen und naturhaften Bereiche im Verlauf der Erzählung in eine Vertikale um, die nun Thiel selbst spaltet in ein Wesen, das mystischen Gedanken gleichsam „über sich hinaus" nachhängt und das von den Verdrängungen im Unbewußten gleichsam „von unten" bestimmt wird. Er selbst als der geregelte Gewohnheitsmensch zerbricht. Er zerbricht, wo eh schon seine Geregeltheit durch das mystische Naturverständnis aufgebrochen war und wo er von außen Drohung erfahren hatte. Der Kult Minnas im Bahnwärterhaus, noch bestimmt von der lokalisierbaren Einsamkeit dieses Arbeitsplatzes, verstärkt sich zum Traum einer auf den Schienen fliegenden Minna und ist damit also in ihn selbst hinein verlegt und von der Örtlichkeit des Träumers partiell unabhängig geworden. Und schließlich bricht bei der Zerstörung des letzten Gliedes der Gewohnheitsrealität, beim Tod des Sohnes Tobias, der nackte Wahnsinn aus ihm heraus. Hier gibt es nichts mehr zu verdrängen. Das Maß ist voll. Der sozialen Realität, die ihn mit ihrer Substanzlosigkeit trog, wird nicht eine andere – etwa transzendente – Realität gegenübergestellt, sondern sie erhält im Wahnsinn Thiels, der Frau und Kind ermordet, nur ihre Komplementärerscheinung.

Für unseren Zusammenhang heißt das, daß hier ebenfalls Realität als unsicher dargestellt wird und daß die dünne Kruste sozialer Gewohnheiten noch keine Wirklichkeit garantiert. Zwar wird im „Bahnwärter Thiel" der Leser nicht so stark verunsichert wie in der „Judenbuche", hat die Erzählung doch deutliche Entwicklungsmomente und einen finalen Erzählgang, gleichwohl vermitteln die gegensätzlichen Bilder und Szenen einen Eindruck des Schwankens, des Changierens. Hauptmann erzählt so, als ginge man auf einem schwankenden Knüppeldamm über einen Sumpf. So erkennt der Leser nicht nur, sondern spürt auch die Unsicherheit dessen, was in der Erzählung als Realitätserfahrung ausgebreitet wird.

Gleichwohl gibt es auf dem Grunde des Sumpfes keine andere, neue, verläßlichere Realität. Was Thiel, würde er in sich hinabsteigen können, sähe, wären isolierte Erfahrungsbrocken, wäre noch zusammenhangloser, also noch unwirklicher als die oberflächlichen Scheinzusammenhänge. Zur Sichtbarkeit gebracht, zeigt sich eben das Verdrängte als Wahnsinn. Was in ihm aufbricht, was als Vergangenes (Minna) und Verdrängtes ihn schicksalhaft einholt, ist nicht eine transzendente Gerechtigkeit wie bei Friedrich Mergel, sondern ist seine eigene Realitätslosigkeit. Damit ist der Zustand einer Zeit apostrophiert, die offenbar die ich-hafte Realität, das klassische Personsein, in Frage stellt. Von daher wird auch etwas von der geschichtlich anderen Situation um 1887, dem Jahr der Arbeit am „Bahnwärter Thiel", deutlich. Der sozialen Verunsicherung, der Unsicherheit des Urteils über die Welt, folgt die Unsicherheit über die eigene Person, die Infragestellung des Subjektseins, die Problematisierung des in allen Turbulenzen so scheinbar sicheren Bezugspunktes, der Realität des Ichs.

Für den dritten Text der Reihe ergeben sich von unserem Ansatz her – wie wir schon sagten – zwei Möglichkeiten: einmal – das wäre der leichtere Weg – könnte Dürrenmatts Erzählung „Die Panne", zum anderen könnte – als schwererer Text – Handkes „Die Angst des Tormanns beim Elfmeter" genommen werden.

In Dürrematts Erzählung verschärft sich die Problematik aus Hauptmanns „Bahnwärter Thiel" so, daß das scheinbar handelnde Subjekt, der Vertreter Alfredo Traps, schon so weit entpersonalisiert ist, daß der Konflikt zwischen Ich und alltäglicher, gesellschaftlich bestimmter Handlungsweise gar nicht mehr aufbricht. Der Handelnde oder Leidende ist zum Handlungsreisenden geworden, der sich in den gewohnten karrieristischen Verhaltensweisen zu Hause fühlt. Das Subjekt ist ganz den Bedingungen der herrschenden Verhältnisse und gesellschaftlichen Spielregeln unterworfen. Jeder Bruch dieser „Identität" erscheint nur als Panne im Funktionszusammenhang, gleichsam als bedeutungsloser Zufall. Hatten für Thiel alle Ereignisse der Abweichung noch Signifikanz, die er verdrängen mußte, um seine soziale Einbettung zu erhalten, taucht bei Traps ein solches Problem, tauchen moralische Vorstellungen, Schuldgefühle usw., nicht mehr auf.

Dürrenmatt thematisiert das nach dem 2. Weltkrieg aktuelle, aber längst nicht überwundene Problem der Schuld von juristisch Schuldlosen. Die ins Groteske führende Erzählung stellt nun neben die harmlose Ausnahmesituation der Autopanne eines sonst gut integrierten Menschen eine fiktionale Ausnahmesituation in der Form des Gerichtsspiels der juristischen Pensionäre. Damit wird auch in diesem Text Realität verunsichert, und zwar sowohl beim Leser, der mit grotesken Unwahrscheinlichkeiten konfrontiert wird, als auch bei Traps, für den Spiel und Wirklichkeit zur katastrophalen Ununterscheidbarkeit werden.

Die Fiktion, das Spiel, deckt die Normalität auf und enthüllt das fraglose Alltagsverhalten, die gesellschaftskonforme Lebensrechtfertigung als bedenklich. Auf diesem künstlichen Weg wird ein neues Verhältnis zur Schuld gewonnen, ja diese wird erst eigentlich entdeckt. Die spielerische Detektion erreicht hier ein Ziel. In der Erkenntnis seines schuldhaften Verhaltens wird Traps von einer Schuld, die jetzt nicht mehr aus dem Bereich der Verdrängung stammt, sondern mittels Einsicht neu in ihm aufsteigt, eingeholt und macht in der Selbstrichtung eine Gerechtigkeit sichtbar, die es in der Alltagswelt nicht mehr gibt.

Aber interessanter und noch weiter fortgeschritten ist das gestörte Verhältnis von Subjekt und Objekt in Peter Handkes „Die Angst des Tormanns beim Elfmeter". Hier wird ein Zustand der Deformation beider Seiten gezeigt. Weder gibt es noch eine konsolidierte Welt sozialer Verhältnisse noch ein klar umgrenztes Ich, das sich widerständig oder angepaßt zu dieser Welt verhielte. Die scheinbar individuelle Deformation Blochs wird durch die Er-Erzählung zu einer alle Bereiche umfassenden Einsicht. Das schizoide Verhalten des Helden ist ein Produkt unverstandener und unverständlicher Lebensbedingungen.

Diesen Roman könnte man vom „Tractatus" Wittgensteins her interpretieren, von der Ansicht aus, daß Tatsachen ihren Sinn nur in Sachverhalten haben und daß eben diese Sachverhalte zerstört worden sind. Die Isolation der Fakten, Dinge, Wörter ist das Grundproblem Handkes. Zum anderen ist natürlich der „Tormann" eine deutsche Adaption des „nouveau roman" und könnte von dorther verstanden werden. Aber in unserem aufgebauten Reihenkontext müssen wir den Zugang über die drei Hauptthemen suchen: Realitätsverunsicherung, Außenseitertum und Eingeholtwerden.

Festzuhalten ist zunächst, daß es sich auch hier um eine Variante des Kriminal- bzw. Detektivromans handelt. Aber es ist schon auffallend, daß der Mord nahezu beiläufig – auch zufällig – geschieht und vom Erzähler so gebracht wird, daß man ihn kaum wahrnimmt, ja ihn fast als Traum mißdeuten kann. Auch für Bloch ist der Mord zunächst ohne weitere Bedeutung, schläft er doch nach seiner Tat nahezu ruhig und tief. Auch die Perspektive des Kriminalromans hat sich verschoben. Der Täter wird nicht von außen beschrieben, die Detektion erfolgt nicht von den Organen der Exekutive aus, sondern der ganze Vorgang wird vom Täter aus gezeigt, von seiner Verhaltensweise nämlich und seiner Angst aus. Ob die Gerechtigkeit ihn einholt, bleibt ungewiß. Das Schlußbild vom Tormann, der den Elfmeter hält, weil er sich nicht bewegt, ist mehrdeutig. Wenn man den Torerfolg beim Elfmeter so deuten kann, daß man dabei den Tormann „erwischt" hat, so müßte der gehaltene Elfmeter als Bild dafür aufgefaßt werden, daß man Bloch nicht fängt. Dafür gibt es noch andere Indizien: z. B. die durch den Minengürtel zur Untätigkeit verurteilten Zöllner, die in Fahndungsangelegenheiten nicht mehr trainiert sind. Was also Bloch einholt, wäre eine neue Normalität nach den tagelangen Ängsten, Verwirrungen, Verunsicherungen, wäre aber zugleich auch die Aufhebung des Verhaltens und Tuns in die Unverbindlichkeit des Spiels, als welches er das Leben erfahren würde, nachdem seine Realitätsbezüge sich als brüchig, ja als hinfällig erwiesen haben.

Die Außenseiterrolle Blochs ist klar. Er ist kein sozialer Außenseiter mehr, sondern einer, dem die Welt- und Realitätsbezüge abhanden gekommen sind, einer der außerhalb des ganzen Lebensgefüges steht und es in dieser Weise gleichsam ex negativo repräsentiert. Zum anderen ist er als Mörder in eine Außenseiterrolle gedrängt, und schließlich ist der erzähltechnische Ansatz, das Realitätsverhältnis Blochs aus der Tormannperspektive zu begreifen, eine weitere Form, sein Außenseitertum sinnfällig zu machen. Der Tormann ist als Außenseiter des Spiels am aktiven Spielgeschehen bis auf seine passive Rolle in der Situation des Torschusses nicht beteiligt. Der Elfmeter ist die reine Form dieser Torschußsituation. Aber gerade im Elfmeter ist das Spiel unterbrochen, gerade er ist eine vom Spiel und seinen Bezügen gelöste Einzelsituation.

Bloch sieht die Welt wie der Tormann das Spiel. Seine Stellungen und Bewegungen scheinen unmotiviert. Er nimmt nur einzelne Spielzüge wahr und bezieht sie auf sich, obwohl sie etwa im Angriff der eigenen Mannschaft ganz andere Ziele – nämlich das gegnerische Tor – im Auge haben. Diese Situation wird dadurch erreicht, daß sich zwei Verbrechen bzw. ein Verbrechen und ein Unglücksfall in dem Roman überlappen. So bezieht Bloch die Zoll- und Polizeiaktionen bei der Suche nach einem vermißten Schüler ebenso auf sich wie die Gespräche in der Post am Grenzort etc. Als Tormann hat er nur zu reagieren und ist nicht handelnd am Spielgeschehen beteiligt. Die Spielzüge werden ihm nur bruchstückhaft verständlich. Genau in dieser Situation finden wir Bloch im Bezug auf die Gesellschaft. Er steht den Geschehnissen gegenüber (Spieluhr), sieht alles, auch sich selbst, aus der Distanz, was seinem Blick und seinem Weltverständnis die bedrängende Objektivität gibt. Er handelt zufällig, unmotiviert, geht planlos herum, hat keine Intentionen. So zieht er in ein Hotel, obwohl er eine Wohnung besitzt, bestellt eine Frau zu einem Treffen, geht aber zur gleichen Zeit mit einem anderen Mädchen davon, wird grundlos in eine Schlägerei verwickelt usw. Kino, Markt, Zeitungen, Automaten, Stadien bestimmen ihn, und zwar so sehr, daß er dort, wo er etwas tut, in die vorfabrizierten Klischees von Filmsituationen verfällt, daß er unmotivierte Einkäufe tätigt, daß er selbst wie eine Kugel in einem Automaten sinnlos hin und her läuft.

Der Bezugslosigkeit und der Tatsache, nicht handelnd in die Wirklichkeit eingebunden zu sein, korrespondiert eine Steuerung Blochs aus dritter Hand. Warum kann diese Platz greifen? Der Roman beginnt wie Kafkas „Verwandlung". Ein Geschehen wird mitgeteilt, das Bloch als Entlassung aus seinem Arbeitsverhältnis deutet. Verhaltensweisen zu deuten, gehört zum Grundbestand sozialen Lebens. Bloch aber mißdeutet, ja der Realitätszustand ist so, daß er und die in ihm sich abspielenden Verhaltensweisen nicht mehr eindeutig verstanden werden können. Die sozialen Konventionalisierungen haben sich einerseits gelockert, andererseits verdinglicht. So hält ein Taxi, obwohl Bloch seinen Arm völlig absichtslos erhoben hatte. Die Zuordnung von Wort und Geste zu einem Ding oder einer Bedeutung ist durchbrochen. Nicht nur die vielen ergebnislosen Telefonate und einmal ein abgerissener Hörer verdeutlichen die so entstandene Kommunikationslosigkeit.

Damit ist Bloch aus den Alltagszusammenhängen herausgefallen. Er, der Monteur, dessen Beruf es war, Funktionszusammenhänge herzustellen, ist selbst aus solchen Zusammenhängen gerissen. Was sich aus dieser Bezugslosigkeit ergibt, ist eben die wiederholt beschriebene Erfahrung der Kluft zwischen Dingen und Worten. Auf der einen Seite äußerste Verdinglichung, auf der anderen Seite leere Wörter. Kennzeichnend für diesen Zustand ist, daß Bloch sich bei geschlossenen Augen die Dinge nicht vorstellen kann, sondern sich ihm nur die Wörter aufdrängen. Offenen Auges ist er der bezugslosen Umwelt und den isolierten Dingen ausgeliefert, bei geschlossenen Augen „sieht" er nichts mehr. Was heißt das, daß er sich nichts mehr vorstellen kann? Die Wörter werden leer, sie evozieren nichts mehr, sind aus den konventionalisierten Bezügen herausgelöst. Auf der anderen Seite ist das, was uns befähigt, etwas vorzustellen, immer das Wozu einer Sache, ihr Gebrauchszusammenhang. Wenn ich mir einen Tisch vorstelle, dann im Hinblick auf sein Wozu, nie aber sein reines Tischsein, die Idee von Tisch. Sinnliche Vorstellungen sind also gebunden an die Lebenszusammenhänge. Wo diese durchbrochen sind, wie bei Bloch, verschwinden auch die Vorstellungen. Zusammenhänge müssen dann erst künstlich wieder hergestellt werden, so wenn Bloch mit Wörtern Geschichten erfindet, um zu Vorstellungen zu kommen.

Ein anderes Element der Realitätsauflösung, die eben immer eine Auflösung von Zusammenhängen ist, besteht in der Unfähigkeit zu komplexen Formulierungen. In Blochs Welt verschwindet das „treffende" Verb fast völlig. Handlungen werden nicht mehr benannt, sondern beschrieben, zerlegt in Einzelmomente. Das Kontinuum der Tätigkeit, seine gestalthafte Komplexität, wird zerhackt. Darin kommt die Verdinglichung bedrohlich zum Vorschein, zugleich aber auch die Destruktion der Sprache, die sich in der Zerlegung und Bildferne der Computersprache nähert.

In dieser chaotischen Situation kommt Bloch das Ordnungsschema des Steuerbeamten, der alles nach den Preisen gliedert, sinnvoll vor, und auch er versucht sich in dieser Registrierung und Einschätzung der Dinge nach dem Preis, also in einer Abstraktionsform ohne Sinn. Aber auch das hält er nicht durch.

Die Verselbständigung der Dinge führt dazu, daß er nur noch Ausschnitte sieht. Sie ermöglicht die merkwürdige Erfahrung, daß er sein Gastzimmer einmal als voll, dann wieder als zu weit erfährt. Diese Isolation der Dinge bringt es dann auch mit sich, daß Bloch weder den Fund des Rades noch die Entdeckung der Schülerleiche meldet, daß er aber andererseits diese Dinge willkürlich als Signale und Befehle (Blitzableiter) deutet.

Werden die Wörter leer, dann sind sie mit jeder beliebigen Bedeutung zu füllen oder beliebig verschiedenen Dingen zuzuordnen. So kann Bloch sogar Personen mit Dingworten belegen (Eisbecher, Handtasche), und es erklärt sich auch daraus die mögliche Differenz zwischen den Lippenbewegungen der Artikulation und dem Wort selbst beim Sprechen. In bezug auf ihn selbst erscheinen dann die isolierten Wörter wie die Stichworte auf dem Theater.

Sozial nicht eingebunden, funktions- und bezugslos geworden, steht Bloch vor dem Leser und verunsichert auch dessen eigene Realitätserfahrung. Bezeichnenderweise beginnt der Roman mit einer Fehldeutung von Gesten, die keine sind, und darauf folgend mit Blochs scheinbarer Entlassung aus dem gewohnten Arbeitszusammenhang. Wie anders andere Menschen noch Reste von Realitätserfahrungen verarbeiten, zeigt sich in den gelegentlichen Gesprächen Blochs, etwa mit der Kassiererin Gerda oder den Friseusen im Grenzdorf. Während diese wie selbstverständlich alles das, was Bloch sagt, in ihren eigenen Erfahrungsbereich integrieren und auf Blochs Bekannte und Erlebnisse so eingehen, als wären sie auch Teil ihrer Erfahrung, verfremdet Bloch das von seinen Gesprächsteilnehmerinnen Mitgeteilte durch die Zusätze wie „dieser", „jener" usw. Damit macht er deutlich, daß die Mitteilungen der anderen Personen für ihn nicht in seinen Erfahrungsbereich einzubeziehen sind, sondern ihm fremd bleiben.

Seine Erfahrung von Zusammenhanglosigkeit ist so groß, daß allein die Frage „ob er heute zur Arbeit gehe?" Bloch dazu führt, Gerda zu würgen und schließlich zu töten. Aber auch das ist eine Scheinmotivation und nicht ein bewußter aktiver Handlungsansatz, mit dem er etwa verhindern will, in die funktionalistische Arbeitswelt zurückzukehren. Es ist pure, unbegründete Reaktion, wie alles bei Bloch, grundlos und unbegreifbar.

Auch für den Handlungsteil des Romans ist die Instabilität zwischen Geschehen und Deutung kennzeichnend. So wird die Ermittlung seiner Mordtat im Grenzdorf überschnitten und berührt durch eine Zoll- und Polizeiaktion zur Aufdeckung eines mutmaßlichen anderen Mordes an einem Schüler. Bezeichnenderweise ist dieser Schüler sprechbehindert. Bloch bezieht diese Ermittlungen auf seine eigene Tat, und so werden die Gefahrenmomente für ihn scheinbar immer dichter. Die häufige Begegnung mit Zöllnern und Gendarmen ist dafür kennzeichnend. Die beiden Ermittlungen scheinen für Bloch, der alles auf sich bezieht, zu konvergieren. Erst am Schluß klärt sich der Tod des Schülers als ein Unfall auf. Aber weder die Zuspitzung der Situation noch die atmosphärische Einkreisung Blochs etwa durch die Erzählabschnitte vom Tod eines Nachbarn, von der Angst eines Kindes vor dem Brunnenmacher, vom Toten in der Badeanstalt, von der Verhaftung eines Zigeuners usw. führen ihn nicht zu einem intentionalen Verhalten, etwa zur Flucht, zurück. Im Hin und Her seiner Bewegungen bleibt er mögliches Ziel eines Spiels, aber nicht Spieler, so daß er, wie der Tormann beim Elfmeter, seine Kalkulation des Torschusses einstellt und der Realitätsentfremdung durch bewegungsloses Ausgeliefertsein begegnet, damit aber gerade den Elfmeter hält.

Hatte die Droste in ihrer „Kriminalgeschichte" sozusagen das Urteil über ein objektives Geschehen verunsichert, zeigte Hauptmann im „Bahnwärter Thiel" das Zerbrechen der Einheit der Person als eines den sozialen Bezügen korrespondierenden Subjekts, so haben sich bei Handke Realitäts- und Personen- oder Subjektbegriff völlig aufgelöst. Sie sind nicht mehr zutreffende Bezeichnungen für das Menschsein in einer sinnlosen, bezugslosen Welt. Zerfallen die Zusammenhänge, die eine Wirklichkeit erst konstituieren und ihr Sinn und Bedeutung geben, dann zeigt sich der Mensch als ein bloß Reagierender, der nicht mehr gestaltend eingreifen kann, weil er weder Intention noch Ziele kennt. Die Reste seines „Sozialverhaltens" werden gesteuert von Klischees aus Medien, die die Realität überformen und keine eigene Position mehr zulassen. Subjektsein und Objektsein gehören unlösbar zusammen, nicht nur erkenntnistheoretisch. Die Persönlichkeit klassischer Prägung bedarf einer als sinnvoll zu erkennenden Wirklichkeit, um sich in dieser Welt herausbilden zu können. Der realen Bezugslosigkeit in Handkes Welt korrespondiert das Gammeln, die unbegründete Bewegung, die Tormann-Existenz, das passive Abwarten dessen, was auf einen zukommt. So markieren alle Stücke dieser Unterrichtsreihe den jeweils geschichtlichen Ort des Verhältnisses von Subjekt und Objekt von Welt- und Menschsein in der Entwicklung einer immer größeren Entfremdung.

Bürgerliche Literatur am Ende
Epochalisierung am Beispiel von drei Erzählungen Schnitzlers

Das geistige Spannungsfeld der Zeit: Impressionismus, Empiriokritizismus und die Möglichkeit der Literatur

Es ist problematisch, literarische Epochen allein von ihren Stileigentümlichkeiten her zu bestimmen. Welche Irrwege und Verengungen ein solches Verfahren der Literaturwissenschaft gebracht und welche wissenschaftstheoretischen Einseitigkeiten diese enge Anlehnung an die Kunstwissenschaft zur Folge gehabt hat, kann hier nicht entfaltet werden. Sicher ist, daß der Bezug auf stilistische Eigentümlichkeiten, wenn sie nur beschreibend konstatiert, aber nicht selbst hinterfragt werden, von einer Verknüpfung eines Werkes oder einer Epoche mit der allgemeinen Geschichte abstrahiert. Demgegenüber ist die Geschichtlichkeit literarischer Werke und Epochen etwa durch die Fragen zurückzugewinnen, was denn das jeweilige Thema sei, welche Problematik hier verhandelt werde und auf welche oder in welcher realen historischen Situation sie denn Antwort gäben. Auch die Stilelemente müssen sich einer solchen geschichtlichen Betrachtung einfügen und von ihr her deuten lassen.[20]

Was heißt es, wenn man Schnitzler einen literarischen Impressionisten nennt? Legitimieren uns stilistische Sprachelemente, innerer Monolog und ausschnitthafte Alltäglichkeit im Sujet zu dieser Bezeichnung? Ist er damit schon Impressionist? Muß nicht zuerst gefragt werden, ob es in der Literatur überhaupt einen Impressionismus geben kann, der sich, wie Malerei und Musik zeigen, doch durch ein gewisses Eigenleben der künstlerischen Darstellungsmittel bestimmt? Und was hieße das für die Sprache? Müssen dann nicht etwa auch gattungstheoretische Fragen gestellt und eben Gattungen auf ihre „Impressionismusfähigkeit" geprüft werden? Nehmen wir diesen Punkt heraus, so ist sehr die Frage, ob es impressionistische Erzählungen und Dramen – nicht nur solche mit impressionistischen Stilmerkmalen – geben kann. Verschließen nicht bestimmte Gattungen und Genres die Dominanz bestimmter Stile? Gibt es etwa im strengen Sinne impressionistische Zeichnungen?

20 Einen Sonderfall stellt Manfred Diersch: Empiriokritizismus und Impressionismus, Berlin 1973, dar, der sich gerade um die Geschichtlichkeit des Impressionismus auch als Stilphänomen bemüht, der aber, indem er Schnitzler unbefragt dem Impressionismus zuordnet, dessen qualitative Differenz zu diesem nicht in den Blick bekommt.

Die Fragen zeigen, daß der Impressionismus hier selbst als ein Zeitphänomen als eine Art Weltanschauung und nicht nur als stilistischer Befund befragt werden muß. Und in der Tat signalisiert der malerische Impressionismus z. B. etwas von einer bestimmten und gegenüber aller bisherigen Malerei veränderten Realitätsauffassung. Er ist zunächst gekennzeichnet durch die Beliebigkeit und damit auch Alltäglichkeit des gemalten Gegenstandes. Ausschnitthaft, zufällig – analog zur vordringenden Fotografie – hält der impressionistische Maler gegenständliche Eindrücke fest, Dabei ist er mehr auf die wahre Wiedergabe dessen aus, was ihm sinnlich gegeben wird, als auf dessen Wahrheit. Vielmehr fällt für ihn beides zusammen. Im Grunde ist er konsequenter Realist, der die Wirklichkeitsaneignungen nur noch radikalisiert hat. Denn seine Frage könnte lauten: Wie komme ich noch näher an die Wirklichkeit heran? Wie kann ich sie unmittelbarer wiedergeben? Da muß er sich einmal abkehren von den literarischen Abhängigkeiten der Malerei und von deren kompositorischen „Bildgesetzlichkeiten". Er will den wahren, nicht den ästhetisch manipulierten Gegenstand. Das ist aber offenbar nur möglich, wenn er sich selbst immer mehr zurücknimmt, sein Subjektsein auf die Funktion einer leeren, sensitiven „Platte" reduziert und sich der Wahrnehmung unmittelbar hingibt.

Was in diesem Prozeß der Wirklichkeitserfassung geschieht, ist höchst seltsam. Auf der Suche nach der reinen Wahrheit der Dinge, lösen diese sich in Impressionen auf. Wie kommt das? Die Auflösungstendenzen sind das Ergebnis einer Radikalisierung unseres gewöhnlichen Erfassungsmodells von Realität. Dies besteht darin, daß wir Gegenstände (Objekte) annehmen, die uns (den Subjekten) gegeben sind und die wir erkennen können. Gliedert sich die Welt nach Subjekt und Objekt, dann ist die Wahrheit der Dinge um so objektiver, je mehr ichhafte, subjekte Vorstellungen bei der Wirklichkeitserfassung eliminiert werden. Bei äußerster Entleerung des Subjekts müßten die Objekte wie in einem Spiegel unmittelbar und wahr in uns erkannt werden können. Das unvermittelte Gegebensein wird zum Kriterium der Wahrheit. Diese Konsequenz zog der Impressionismus aus der Objekt-Subjekt-Spaltung unserer Wirklichkeit.

Aber er mußte entdecken, was Philosophen schon längst erkannt hatten, daß das völlig entleerte Subjekt, ein gleichsam auch vom kantischen Apriorismus gereinigtes, gar keine Gegenstände mehr erfaßt, sondern als Gegebenheiten nurmehr Sinneseindrücke erfährt. Denn nur die Wahrnehmungsreize, nicht die Gegenstände, die wir als deren Ausgangsquelle vermuten, sind unmittelbar gegeben. Der realitäts- und wahrheitssuchende Impressionist muß sich also an die Eindrücke halten und an deren Bedingung, das Licht. Was er malt, sind „Gegenstände" „im Licht" eines bestimmten Augenblicks. In dieser Zeitgebundenheit der Eindrücke schwindet nicht nur die Gegenständlichkeit, sondern auch deren angenommene dauerhafte Selbigkeit. Was er als Wahrheit findet, den Eindruck, erscheint daher gerade als Signum des Subjektiven schlechthin.

Wie kommt es zu solcher gedanklichen Verkennung und gleichwohl zu einer großartigen Malerei? Der Impressionismus kann im Malen reiner Wahrnehmungsreize zur Kunst werden, da die Mittel seiner Darstellung – die reinen Farben – selbst mit dem bestimmenden Medium der Wahrnehmung, dem Licht und seiner spektralen Auffächerung, sozusagen zusammenfallen. Und so sind viele Maler des Impressionismus Maler des Lichts und zugleich Begründer einer Entwicklung in den Künsten, die die Mittel der Darstellung selbst zum Gegenstand ihrer Werke machen.

Von hier aus wird die oben skizzierte Problematik für einen literarischen Impressionismus deutlich. Die Unmittelbarkeit der malerischen Wiedergabe von Dingwahrnehmungen lag in der Einzigartigkeit der malerischen Mittel, der Farben. Ist so etwas mit der Sprache, dem Mittel der Literatur, zu leisten? Selbst in der Lyrik, wo eine gewisse Unmittelbarkeit erreichbar erscheint, die aber mehr eine Unmittelbarkeit des Subjekts als der Dingwelt ist, ist jede Aussage vermittelt, weil sie an Sprache und damit an menschliche Sozialisation gebunden ist. Worte sind weder Bestandteil noch – wie das Licht – reines Medium der Realitätswahrnehmung. Sprachliche Gestaltung bedient sich immer schon sozial vermittelter Darstellungsmittel. Und gar dort, wo Erzählungen und Dramen, die mit Handlungen, mit menschlicher Problematik, kurz mit Praxis zu tun haben, entzieht sich schon die Thematik solch puristischer, sich selbst entäußernder Realitätsaneigung. In solchen Texten muß geurteilt, gewertet und komponiert werden.

Woran der Impressionismus bei aller Neuerung festhält, ist eine traditionelle theoretisch-kontemplative Grundhaltung. Dort, wo das Betrachten des Bestehenden im Vordergrund bleibt und das erkennende Subjekt zum bloßen Bezugs- und Registrierpunkt zurückgenommen wird, wird am herkömmlichen Denkansatz des Objektivitätsideals, bei allem Aufweis seiner Problematik, festgehalten. Auch die Eindrücke nämlich werden gleichsam von außen her, als Vorstellungen gedacht, und die Frage muß gestellt werden, ob nicht dieser Ansatz zur Konstruktion der Auffassung des Subjekts als einer Fotografenplatte geführt hat. Erst mit Cezanne begibt sich die Malerei wirklich aus dem traditionellen Denk- und Erfassungsgefüge der Wirklichkeit. Und es nimmt daher nicht wunder, daß dem Impressionismus in der philosophischen Richtung des Empiriokritizismus ein Denken korrespondiert, das ebenfalls als eine Endstufe, aber eben durchaus noch an traditionellen Denkmustern festhaltend, angesehen werden muß.

Diese vor allem von Avenarius und Mach vertretene Philosophie nimmt ihren Ausgangspunkt – um einiges später als die vor-denkende impressionistische Malerei – von der naturwissenschaftlichen Revolution der Jahrhundertwende. Die Entdeckung der Röntgenstrahlen (1895), der Radioaktivität (1896), des Elektrons (1897) etc. markiert eine Wendung vom mechanistischen zum modernen physikalischen Weltbild. Diese Erschütterungen unseres mechanistischen Objekt- und Dinggedankens hat für Avenarius und Mach erhebliche Konsequenzen. Unsere Dingvorstellungen, und wir haben nach beiden Philosophen die Dinge nur in unseren Vorstellungen, sind unverläßlich. Das, was wir Dinge nennen, sind Gedankensymbole für Empfindungskomplexe mit relativer Stabilität. Bei diesen Philosophen sind nur die jeweiligen Empfindungen, jenes Korrelat zu den Eindrücken, wirklich seiend. In dieser Weise gibt es auch keine Kluft mehr zwischen physischer und psychischer Welt, zwischen drinnen und draußen. Wo nurmehr die Empfindung seiend ist, wird die Frage nach einem äußeren, von ihr unterschiedenen Ding obsolet. Drinnen und draußen fallen zusammen und differenzieren sich nur jeweils nach der temporären Betrachtung. Mach geht davon aus, daß die Empfindungen von Farben, Tönen, Wärmen, Drücken, Räumen und Zeiten z. B. in mannigfacher Weise miteinander verknüpft sind, wobei an diese Elemente Stimmungen, Gefühle und Willenshaltungen gebunden sind. Aus dem Gewebe von Empfindungen scheint ein relativ Festeres und Beständigeres sich herauszuheben, zunächst bei zeitlich und räumlich verknüpften Komplexen. Deshalb erhalten sie besondere Namen und werden als Körper bezeichnet. Solche Komplexe sind aber nicht absolut beständig.

„Mein Tisch ist bald heller, bald dunkler beleuchtet, kann wärmer und kälter sein. Er kann einen Tintenfleck erhalten. Ein Bein brechen. Er kann reparirt, polirt, Teil für Teil ersetzt werden. Er bleibt für mich doch der Tisch an dem ich täglich schreibe.“[21]

Aus dieser Beschreibung geht ein Übergewicht des Beständigen gegenüber dem Veränderlichen hervor, und das drängt dazu, diesen Einheiten einen Namen und zu geben: etwa Tisch. Aber nicht die Körper erzeugen die Empfindungen, sondern unsere relativ stabilen Empfindungskomplexe konstituieren die Körper.

Nach dieser philosophischen Ansicht ist dann auch jede Auffassung eines „Dinges an sich“ überflüssig. Indem man von den Körpern das Sichtbare, Hörbare, Tastbare abtrennt, sie in Farbe, Gestalt usw. auflöst, *schließt* man auf das Vorhandensein eines „Dinges an sich“. Aber das „Ding, der Körper, die Materie ist nicht außer dem *Zusammenhang* der Elemente, der Farben, Töne usw.“ (S. 5), die Einheit des Körpers oder seine Auflö-

---

21 Ernst Mach: Die Analyse der Empfindungen und das Verhältnis des Physischen zum Psychischen, 3. Aufl., Jena 1902, S. 2.

sung in Elemente hängt von der Betrachtungsweise ab, so ist etwa eine Billardkugel unter dem Mikroskop eben keine Kugel mehr.

In diesem Zusammenhang wendet sich Mach auch gegen eine Trennung von Schein und Wirklichkeit. Der Bleistift im Wasser scheint geknickt, ist aber in Wirklichkeit gerade. In beiden Fällen unterscheiden nur verschiedenartige Zusammenhänge der Elemente das Ergebnis der Erfahrung: optisch geknickt, faktisch gerade. Damit wird auch die Frage nach Scheinhaftigkeit und Wirklichkeit der Welt unsinnig, denn auch Träume sind Tatsachen, nur sind sie im praktischen Leben nicht so von Bedeutung. Die angeblich festen Kerne der Wirklichkeit werden eben zu bloßen Gedankensymbolen, die man als Basis für ausgehende Wirkungen annimmt.

Aus alledem könnte man schließen – und Lenin hat das in seiner Kritik am Empiriokritizismus[22] bis zum Überdruß getan –, als handele es sich bei dieser Philosophie um einen äußerst subjektiven Idealismus. Aber mit Etikettierungen ist wenig gesagt. Und auch das, was Avenarius und Mach zeigen wollten, ist damit nicht zureichend kritisiert. Eine Kritik an ihrem Denken muß anders ansetzen. Denn natürlich ist auch das Subjekt in diese Empfindungsphilosophie einbezogen, und das Ich ist von ähnlicher Instabilität wie die Dingwelt. Das, was wir Ich nennen, ist ebenfalls nur ein Gedankensymbol für relative Beständigkeit an einem bestimmten Körper, unserem Leib. Es ist ein besonderer Komplex von Erinnerung, Stimmungen und Gefühlen, den wir mit Ich bezeichnen. Über längere Zeit hin zerfällt aber dieses Ich in verschiedene Menschen oder Iche. Ist dies so, so wird einsichtig, daß sich die innere und äußere Welt aus einer geringen Zahl gleichartiger Elemente in bald flüchtiger, bald festerer Verbindung zusammensetzt. Damit lassen sich die Körperwelt und das Ich nicht mehr in zureichender Weise gegeneinander abgrenzen. So wird auch noch der impressionistische Ansatz eines reinen, leeren Subjekts, dieser Fotoplatte für mögliche Eindrücke, aufgegeben, da so etwas wie das Subjektsein nicht gegeben, sondern nur erschlossen ist und vielmehr nur in Empfindungen erfahrbar wird. Auf der anderen Seit gibt es eine Vorstellung vom Ich nur als eine praktische Einheit. Das Ich ist im Grunde „unrettbar" (S. 19).

> „Wollte man das Ich als *reale* Einheit ansehen, so käme man nicht aus dem Dilemma heraus, entweder eine Welt von unerkennbaren Wesen demselben gegenüberzustellen . . ., oder die ganze Welt, die Ich anderer Menschen eingeschlossen, nur als in unserm Ich enthalten anzusehen" (S. 22).

Das vermeidend, gehen beide Denker von einer gegenseitigen Wechselwirkung von „Ich" und „Umwelt" aus und heben damit die starre Subjekt-Objekt-Trennung auf.

---

22 W. I. Lenin: Materialismus und Empiriokritizismus. Kritische Bemerkungen über eine reaktionäre Philosophie (1909), Berlin 1977.

Die Konsequenzen einer solchen reinen Erfahrungswissenschaft lassen sich am besten im Kontrast zum Problem der Erfahrung bei Kant verdeutlichen. Die reine Erfahrung der Empiriokritizisten will Kants Konstituierung der Erfahrung von jeglichem Apriorismus reinigen. Damit fallen auch alle Stabilisierungsmomente, auch wenn sie wie bei Kant als Anschauungsformen und Verstandeskategorien im erfahrenden Subjekt zu Hause sind. So reinigen beide Denker die Erfahrung von Begriffen wie Kausalität, Substanz, Notwendigkeit, Raum und Zeit etc. Ist unsere Erkenntnis nicht mehr kategorial überformt, dann erfahren wir z. B. in den Empfindungen lediglich eine Folge, aber nicht mehr deren Notwendigkeit. Perspektiven und Gerichtetheiten weichen einer modifizierten Zuständlichkeit, die man kritisch auch als „Chaos" von Empfindungstatsachen bezeichnen könnte. In einer solchen „Welt" ist, ob gewollt oder ungewollt, das positivistische Registrieren die allein angemessene Verhaltensweise. Der Positivismus, der aus der grundsätzlich theoretischen Haltung beider Philosophen erwächst, ist die Hauptschwäche des Empiriokritizismus. Er kann nur überwunden und in seinen Konsequenzen einsichtig gemacht werden, wenn in einer solchen Welt *praktisch* verfahren wird, wenn konstruktive Elemente wie z. B. Experimentalbedingungen in dieses relative Empfindungschaos eingebracht werden.

Abhängigkeit und kritische Position gegenüber diesen Zeitströmungen zugleich verrät das hier zur Diskussion stehende Werk Arthur Schnitzlers. Seine Erzählungen etwa werden nur recht verstanden, wenn man beide Momente beachtet. Vor allem Schnitzlers Zeitkritik hebt sein Werk aus der theoretischen Grundhaltung der impressionistischen Weltauslegung heraus. Einmal ist er als Autor auf den Bereich der sozialen Praxis verwiesen, zum anderen greift er durch konstruierte und konstruktive Experimentalbedingungen in diese soziale Wirklichkeit der Zeit ein. Die soziale Welt verbleibt bei ihm nicht im bloßen Eindruck. Das Verhalten der Menschen zueinander, Entwicklungen, menschliche Lebensumstände und -bedingungen überhaupt, Liebe und Tod erzwingen die Sinnfrage, fordern Stellungnahme und Urteil.

Diese Dimension der Literatur zeigt sich schon im deutschen Naturalismus, dessen Ziel ja die reine, unmittelbare Abbildung der sozialen Welt war, und der etwa im Sekundenstil eine unmittelbare Wirklichkeitsdarstellung anstrebte und sich ganz dem Gegebenheitsgefüge anpassen wollte. Trotz dieser reduzierten literarischen Konzeption ging die Wirkung dieser Texte über die reine Widerspiegelung der sozialen Welt und ihre Registrierung hinaus, erzeugte Mitleid, Mitgefühl und sozialpolitische Sensibilität. Und natürlich hatten schon die Autoren selbst durch die Auswahl ihrer Gegenstände ein soziales Urteil für die Unterprivilegierten und gegen die großmächtige Gründerbourgeoisie gefällt. Von einer unverstellten Registrierung der Welt konnte keine Rede sein.

Daß Unmittelbarkeit nicht im ähnlichen Sinne wie in der Malerei erreichbar war, zeigt selbst die radikale Kunstformel von Arno Holz: Kunst = Natur – X. Gerade das – X zielt auf die Darstellungsmittel und -möglichkeiten, die im malerischen Impressionismus eben die Farben waren, aus denen sich das Licht selbst zusammensetzt, was eine Unmittelbarkeit allererst ermöglichte. Der deutsche Naturalismus unterliegt der Verkennung der Genres. Im Grunde versucht er mit seiner reinen Abbildtheorie die Entsprechung zum französischen Impressionismus der Malerei zu sein. Dagegen war sich Zola schon frühzeitig über den Unterschied zwischen Malerei und Literatur im klaren. Er gründet in dem Unterschied von Beobachtung (Naturalismus) und Wahrnehmung (Impressionismus). Sprache als Darstellungsmittel und der Raum sozialen Verhaltens als Gegenstand bedingen eine andere Wirklichkeitsauffassung als die nur Wahrnehmungen abbildende. In seiner literatur-theoretischen Abhandlung „Le roman experimental" von 1880 hat Zola gegenüber der reinen empiristischen Widerspiegelungstheorie seine naturalistische Experimentalmethode entwickelt.

Er geht dabei zurück auf die methodischen Ausführungen des Mediziners Claude Bernard, die dieser 1865 in seiner Schrift „Introduction à l'étude la medicine"[23] dargelegt und mit der er die herrschende empirische Medizin zu einer neuzeitlich analytisch-wissenschaftlichen gemacht hat.

Bernard formuliert den Unterschied zwischen einfacher Beobachtung und Experiment wie folgt: „Beobachtung ist also, was die Tatsachen zeigt, Experiment ist, was über die Tatsachen unterrichtet" (S. 28). Mit der Forschungs- und Belehrungsintention im Experiment geht Bernard über die reine Feststellung des unmittelbar Gegebenen hinaus. Zwar bleibt auch er im Bereich von Tatsachen und Beobachtung, aber sein Experimentator ist gleichsam ein methodischer, also eingreifender Beobachter, der sich nicht mit den unmittelbaren Eindrücken begnügt. Als Experimentator arrangiert er Gegebenheiten, um zu Erkenntnissen zu kommen, die sie ihm ohne diese Eingriffe nicht von selbst geben. Er ist nicht nur passiver Registrator wie der rein Wahrnehmende, sondern aktiv am Zustandekommen der Erkenntnisse beteiligt. Er ist Diagnostiker. Bernard sieht das Experiment als eine beabsichtigte und damit kalkulierbare Veränderung oder Zerstörung des normalen Zustands an, mit dem Ziel, zu Diagnosen zu kommen. Daß dies für die Medizin von besonderer Bedeutung und ganz auf Praxis und Therapie hin orientiert ist, geht aus der Ähnlichkeit von Experiment und Krankheit hervor. Krankheiten

23 Zitiert wird nach: Claude Bernard: Einführung in das Studium der experimentellen Medizin, Leipzig 1961.

können ebenfalls als Veränderungen oder Zerstörungen von Normalzuständen begriffen werden, und das Experiment soll die Bedingungen und Wirkungen solcher Zustände zum Zwecke der Therapie „simulieren".

Mit dieser experimentellen Beobachtung steht Bernard natürlich der Literatur eines Zola näher als der impressionistischen Malerei, obwohl auch dort in der Zerlegung des Lichts in die Spektralfarben ein experimentelles Moment zu erkennen ist. Aber dabei fehlt die diagnostische Dimension. Auch vermeinen die Maler unmittelbar unter Ausschaltung logischer Überlegungen zu arbeiten. In Bernards „experimentelle(r) Methode ist die Suche nach Tatsachen, d. h. die Forschung, immer begleitet von logischen Überlegungen . . ." (S. 38), und so ist es auch bei der Literatur. Weder kann dort, wir sahen es, auf Urteile und Erkenntnisse verzichtet werden noch auf die Einbettung von Beobachtungen in soziale Praxis. Und in einer Zeit, wie dem fin de siècle mit ihrer sozialen Problematik und der Erschütterung menschlichen Lebenssinns bekommen Erkenntnis- und Therapieintention analog zur Medizin eine überraschende Bedeutung. Denn auch die sozialen Mißstände und die psychischen Zeitkrankheiten der Menschen lassen sich als pathologische Zustände verstehen, deren Gründe und Bedingungen durch Experimente erfahrbar gemacht werden können und sollen. Ein großer Teil sozialkritischer Literatur ist von da an Experimentalliteratur. Damit geht sie über den reinen Abbildungsnaturalismus und den malerischen Impressionismus weit hinaus.

Drei Erzählungen Schnitzlers

Daß in diesem Sinne Schnitzler in direkter Nachfolge eines Zolas steht und von den Bedingungen der Literatur her ein konsequenterer Naturalist ist als die Abbildnaturalisten der achtziger Jahre, kann gezeigt werden. Zugleich damit geht er über die pure Zuständlichkeitsbeschreibung seiner Zeit hinaus und legt die literarische Sonde an, um deren Gründe und Bedingungen zu erforschen. D. h., Schnitzler ist vor allem sozialer Diagnostiker mit dem Ziel einer Therapie, aber ohne diese selbst schon zu entwickeln.

An drei Erzählungen Schnitzlers soll Thema, Leistung und Erkenntnis-Dimension solcher Experimente gezeigt werden. Dabei werden die Erzählungen nach exemplarischer Qualität ausgewählt, und die Reihenfolge ihrer Behandlung wird nach systematischen und heuristischen Gesichtspunkten und nicht nach ihrer Entstehungszeit festgelegt. Ich gehe dabei zunächst von der „Hirtenflöte" aus, die 1909 geschrieben und 1911 veröffentlicht wurde. Deren exemplarische Bedeutung hat z. B. schon

Schrimpf bei seiner Interpretation der „Traumnovelle“[24] erkannt und für seinen Ansatz fruchtbar gemacht.

„Hirtenflöte“

Die Erzählung expliziert die Experimentalsituation völlig klar. Erasmus, ein gebildeter, wohlhabender Mann, der weitgereist, erfahren und gelehrt ist, heiratet, in der Mitte seines Lebens stehend, Dionysia, die verwaiste Tochter eines Landwirts, und zieht mit ihr in die Einsamkeit der Natur. Dort betreibt er in der Abgeschiedenheit eines Turmes seine astronomischen Studien. Eines Nachts, als er von seinen Beobachtungen zu seiner schlafenden Frau zurückkehrt, verfällt er in ein „völlig ungewohnte(s) Sinnen über das Wesen, mit dem er seit drei Jahren in ruhig unbekümmerter Ehe verbunden, und das ihm heute zum ersten Mal wie eine Unbekannte erschienen war.“[25] Wer kennt im Gleichklang der Tage das Wesen des anderen? Wer kennt sich selbst? Mit diesen Fragen kommt er mit der erwachenden Dionysia ins Gespräch. Auch sie selbst sei sich verborgen und kenne sich nicht. Deswegen beschließt Erasmus das nobel und emanzipatorisch erscheinende Experiment, Dionysia auf Zeit freizugeben, damit sie sich selbst, ihr eigenes Ich, erfahren könne. Nach dieser Selbstfindungszeit will er sie wieder bei sich aufnehmen, ganz gleich in welchem Zustand sie zurückkomme.

Was so uneigennützig und emanzipatorisch aussieht, wird von Dionysia als Vertrauensentzug gewertet, und Erasmus hat Mühe, sie vor einem Selbstmordversuch zurückzuhalten. Dionysia kommt erst wieder zu sich, als sie im Morgengrauen die „lieblichen Töne“ (S. 14) einer Hirtenflöte hört. Erasmus nimmt ihr Aufhorchen zum Anlaß, ihr seine Freigabe noch einmal plausibel zu machen, indem er sie ermuntert, ihrer Neugier und diesen klanglichen Lockungen zu folgen. „Ziehe hin, Dionysia, Dein Schicksal zu erfüllen, ganz Du selbst zu sein.“ (S. 15)

Dies ist die Ausgangssituation des Erkenntnisexperiments. Was erkannt werden soll, ist das Wesen eines Menschen. Und zugleich soll dieser sich selbst oder sein Selbst im gleichen Experiment erkennen. In traumhafter und märchenähnlicher Form wird nun Dionysia durch verschiedene soziale Stationen geführt, die zwar insgesamt eine Steigerung der jeweiligen sozialen Stellung erkennen lassen, aber nicht geschichtlich als Fortschritt mißverstanden werden dürfen. Geschichtliche Gerichtetheit ist bei diesem Er-

---

24 Hans Joachim Schrimpf: Arthur Schnitzlers „Traumnovelle“, in: ZfdPh Bd. 82, S. 172-192.

25 Zitiert nach: Arthur Schnitzler: Gesammelte Werke. Die erzählenden Schriften, Frankfurt 1961, hier Bd. 2, S. 11.

zählen nicht intendiert. Vielmehr ist mit der Rückkehr Dionysias zu Erasmus die Zirkelstruktur des Experiments von vornherein festgelegt. Worum es bei diesem Experiment allein geht, ist die Frage, was der Mensch in seinem Selbst sei. Und da zeigt sich, daß sich von einem beständigen, wesenhaften „Selbst" gar nicht reden läßt. Vielmehr ist Dionysia dem dialektischen Wechsel von einer Situation zur anderen ausgeliefert, bzw. führt sie selbst solche Wechsel herbei. Das gemeinsame Prinzip in den Erfahrungsbewegungen Dionysias ist das von Lust und Laune. Das Selbst als Wesen, nachdem gefragt wurde, zeigt sich ohne Substanz. Launische Reaktionen auf Gegebenheiten wechseln mit triebhaft-lustvollen Aktivitäten, die ihrerseits wieder die konkreten Situationen verändert.

So geht Dionysia, einer Laune entsprechend, dem Klang der Hirtenflöte nach, aber im lustvollen Liebesidyll mit dem Schäfer geht die Herde und damit die ökonomische Grundlage der Idylle verloren. Dadurch erstirbt die Lust, und in einer neuen Laune verläßt Dionysia ihren Geliebten und landet in den Armen eines reichen Fabrikherrn. Dieser ist nicht nur reich, sondern auch gebildet und erfüllt ihr alle materiellen und ästhetischen Wünsche. Aber durch die Begegnung mit einem bettelnden Mädchen stößt sie zufällig auf die notwendige Kehrseite des industriellen Fortschritts und Wohlstandes, auf die Armut der Arbeitenden. Der Laune folgend, erkundet sie deren Welt. Sie empfindet ihren Überfluß als Unrecht und erkennt, daß es notwendig sei, die „Ordnung des Staats" und die „Gesetze der Welt" (S. 22) zu ändern. Aber Konsequenzen zieht sie aus dieser Erkenntnis nicht, vielmehr fällt sie in Schwermut. Gleichzeitig aber hat ihr soziales Engagement die Arbeiter solidarisiert und zu einem Aufstand geführt, der erneut die ökonomische Basis ihres lustvollen Lebens gefährdet. Die Staatsgewalt schlägt aber diesen Aufstand nieder.

Inzwischen ist sie erneut, der Laune gehorchend, davongelaufen. Sie gerät nun in das Lager der Aufständischen und muß dort deren innere Dialektik erfahren. Denn nur noch ein kleiner Teil hält an den Revolutionsforderungen nach einem Reich der Gleichheit und Gerechtigkeit fest. Bei einem anderen Teil herrscht schon die pure Mordlust und Zerstörungswut vor. Und auch sie muß die Erfahrung des aufbrechenden Chaos machen. Sexualorgien, geschlechtliche Beziehungen als reine Triebbefriedigung zeigen die andere Seite des Strebens nach besseren Verhältnissen. Dionysia flieht erneut, und Soldaten vernichten die ziellos gewordenen Haufen. Krank und bewußtlos wird sie in eine Stadt gebracht, wo sich bald ein junger Graf in sie verliebt und sich um sie kümmert. Mit Lügen über ihre Herkunft und mit Verstellungen manövriert sie sich selbst in Liebesqualen, die aber schließlich im Geständnis der Liebe zwischen beiden überwunden werden, ja bei ihr einen völligen Sinneswandel hervorrufen, der sich in ihrem Wahrheitsverlangen zeigt. In einem Krieg, den Dionysia in Männerkleidung an der Seite ihres Geliebten mitmacht, fällt der Graf. Der Siegesjubel kontrastiert mit ihrer Trauer.

Aber eben so kurz wie der Weg der Lüge zur Wahrheit ist der von der ewig treuen Geliebten zur ungetreuen „Witwe". Nach der Geburt eines Sohnes wird sie die Geliebte des Fürsten und richtet dadurch in dessen persönlichen Verhältnissen und in den innenpolitischen des Landes große Verwirrung an. Der Fürst verbannt seine Frau und gerät in immer größere Distanz zum Volk. Aber je höher Dionysia steigt, desto weniger wird sie ihres Schicksals froh. Überdruß stellt sich ein, und sie verachtet ihren Geliebten, weil er ihr in allen Dingen zu Willen war. Dies hat zur Folge, daß nun auch der Fürst Reaktionen von Scham, Reue und Grimm zeigt. Er bereitet ihr Todesurteil vor, gibt ihr aber noch die Chance zur Flucht.

Dies ist in dürren Strichen der Faden der Episoden, ohne daß jeder innere oder äußere Umschwung nachgezeichnet werden konnte. Was hat nun diese „Erfahrung", diese Möglichkeit der Selbstverwirklichung für Dionysia gebracht? Zurückgekehrt zu Erasmus, der sie zum rechten Zeitpunkt erwartet, wendet sie sich kritisch gegen dessen Haltung. Seine Großzügigkeit hat ihr nichts gebracht. Sein Allverstehen ging von falschen Voraussetzungen aus, nämlich von der Annahme eines eigenen Wesens, daß sich nur zu entfalten brauche. Dagegen weiß Dionysia nun nach all den „Abenteuern" noch genau so wenig, wer sie ist, wie vorher.

> „In der Beschränkung, die du mir zuerst bereitet und wo alles Pflicht wurde, war mir versagt, mich zu finden. Im Grenzenlosen, wohin du mich sandtest, und wo alles Lockung war, mußte ich mich verlieren. Ich weiß nicht, wer ich bin." (S. 40)

Und als Erasmus sie undankbar nennt, kritisiert sie die „steinerne Fratze" seiner Weisheit:

> „Du ein Weiser? Und hast nicht erkannt, daß jedem menschlichen Dasein nur ein schmaler Strich gegönnt ist, sein Wesen zu verstehen und zu erfüllen?" (S. 40)

Sie flieht erneut, und alle Nachforschungen des Erasmus bleiben vergeblich.

Was läßt sich aus diesem Experiment erkennen? Einmal eine Kritik am Experiment selbst als einer nur beobachtenden, teilnahmslosen, theorieorientierten Veranstaltung. Zum anderen hat es gezeigt, daß das Wesen des Menschen, sein Selbst, von sich aus ebensowenig ist wie unter einem Sollensdiktat von Pflichten. Verkümmert das Selbstsein unter dem Pflichtendruck, so wird es, in die völlige Freiheit entlassen, vom Lust-und-Laune-Prinzip beherrscht. Es verliert sich und findet sich nicht. Im Grunde erkennt es auch nichts. Denn alle die Detailerkenntnisse der Dionysia gehen ihr ja wieder verloren, werden nicht zu Einsichten, die ihr weiteres Leben bestimmen. Sie geht aus all dem, was ihr begegnet, ohne Erfahrungen und ohne wirkliche Erkenntnis und damit ohne die Einheit eines Ichs hervor.

Sie weiß nur, daß sie immer noch nichts weiß. Demgegenüber wird angedeutet, daß es eine Möglichkeit der Selbstfindung in der Konkretion gibt, daß es der begrenzten Bezüge und eines Rahmens bedarf, um überhaupt ein Selbst zu werden und so etwas wie ein verantwortliches Ich auszubilden.

„Leutnant Gustl"

In der bedeutenden Erzählung „Leutnant Gustl"[26] geht Schnitzler in unserem Erörterungssinn gedanklich einen Schritt weiter. Wieder fragt er in einer experimentellen Anordnung nach dem Wesen, nach dem Selbst und dem Ich eines Menschen oder des Menschen seiner Zeit. Aber diesmal fragt er ganz konkret und stellt seinen Probanden in eine klar umrissene soziale und politische Situation und nicht in traumhaft-allgemeine Lebenssituationen. Das Märchenhafte der „Hirtenflöte" muß einer Realitätskonstellation weichen. Wie steht es mit dem Ich, wenn es die von Dionysia vermißten Rahmenbegrenzungen, diesen „schmalen Strich" zum Selbstverständnis und zur Icherfüllung zugewiesen erhält?

Auch im „Leutnant Gustl" geht der Experimentator – hier der Autor und nicht eine Erzählfigur – so vor, daß er seine Versuchsperson aus den alltäglichen Bezügen herauslöst und in eine besondere Situation stellt. Leutnant Gustl ist nach einigen Dienstjahren in der Provinz nach Wien versetzt worden. Er hat am Vorabend der Erzählhandlung beim Kartenspiel nicht nur den letzten Groschen verspielt, sondern noch Schulden gemacht. Zum anderen hat seine Freundin Steffi am geschilderten Abend keine Zeit für ihn, weil sie sich dem Mann widmen muß, der sie aushält. Spiel, Kaffeehaus, Oper und Erotik als alltägliches Lebensmilieu sind Gustl am Abend der Erzählung verwehrt. So hat er eine Freikarte für ein Oratoriumskonzert angenommen und befindet sich, als Kulturbanause völlig deplaciert, im Konzertsaal. Uninteressiert am Oratorium, schaut er wiederholt auf die Uhr und hängt seinen Gedanken nach. Diese kreisen um Frauen, Geld, Militärdienst und ein Duell, das ihm bevorsteht. Damit sind die konkreten Rahmenbedingungen des Experiments genannt. Abwesendes und Bevorstehendes markieren seine Situation als novellistische Außergewöhnlichkeit.

Da es im Experiment um eine möglichst unmittelbare Selbstdarstellung des Probanden geht, muß sich der Erzähler weitgehend aus der Erzählung zurücknehmen. Er arrangiert wohl die Bedingungen, aber ansonsten gibt er die Außenperspektive auf. Da sein „Untersuchungsobjekt" das Wesen, das Ich oder das Selbst Gustls ist, muß ihm alles daran liegen, daß dieses

26 Schnitzler s. o. Die erzählenden Schriften Bd. 1.

sich selbst ausspricht. Der durchgängige innere Monolog der Erzählung ist die Konsequenz des Experiments. Er bedeutet keine Subjektivierung des Erzählens, sondern im Gegenteil, eine äußerste Objektivierung des Ge- und Untersuchten. Im inneren Monolog emanzipiert sich gleichsam die Figur vom Erzähler und gibt einen unvermittelten Blick auf sich selbst frei und ermöglicht so dem beobachtenden Experimentator eine objektive Erkenntnis.

Was an Gustl zunächst deutlich wird, ist seine wechselhafte Bestimmbarkeit. Geldprobleme und Frauen beherrschen sein Sinnen und Trachten. Er ist bindungslos und betrachtet seine Mitmenschen nur nach ihrem Funktionswert. So geht seine Familie für ihn in ihrer Unterstützungsfunktion auf, und seine vielen Frauen sind ihm nur Mittel für Genuß und Vergnügen. Er kennt weder produktive Arbeit noch wirkliche Liebe. Er hat weder Ziele, noch trägt er Verantwortung. Im Gegenteil, die Beziehungen seiner Geliebten zu anderen Männern etwa waren ihm durchaus recht, war er dadurch doch jeglicher Verantwortung enthoben und konnte die Verhältnisse unbeschwert als reines Spiel betrachten. Spielerisch sind selbst seine Gedanken an den „Ernst“ des Krieges, den er „gern“ (S. 356) noch mitgemacht hätte. Der Krieg erscheint als Kriegsspielerei und wird vom Spielbegriff her verstanden, so daß es – wie im Duell – einen besonderen Reiz ausmacht, „sein Leben aufs Spiel zu setzen“. Die Spielwelt wird ermöglicht durch Geld. Es ist die Voraussetzung für den totalen Konsum, der der Grundzug seines Wesens ist. Konsum, wechselhafter, immer wieder neu stimulierender – Genuß oder Vergnügen genannt – ist nötig, weil er offenbar sonst mit sich und der Welt nichts anzufangen weiß, weil er leer und substanzlos ist. Konsum und eigene Leere bedingen und bestärken sich gegenseitig. Und Schnitzler hat hier nicht von ungefähr einen k. u. k. Offizier als Muster für die Erkenntnis seines zeitgenössischen Menschseins ausgewählt. Der militärische Dienst erscheint hier nur als Gipfel und Endpunkt einer Entwicklung der Arbeit, die in der gesamten Gesellschaft immer unproduktiver, immer entfremdeter, immer sinn- und zweckloser wird. Der Wert der Arbeit wird nicht mehr durch diese selbst gegeben, sondern durch das mit ihr verdiente Geld vermittelt, das seinerseits in seiner Abstraktheit die substantiellen Qualitäten innerhalb des gesellschaftlichen Lebens formal zu egalisieren trachtet. Mit Leutnant Gustl haben wir also ein besonders reines Muster jenes spätbürgerlichen Menschen der Jahrhundertwende im Beobachtungsfeld. Ist dieser spätbürgerliche Mensch durch Konsum und innere Leere bestimmt, wird ihm angesichts der eigenen Verantwortungslosigkeit alles zum unverbindlichen Spiel, dann erhebt sich die Frage, was passiert, wenn Konsum und Spielmöglichkeiten fortfallen.

In zwei Verhaltensweisen Gustls, im Duell und in seinem Antisemitismus, gibt es dafür erste Hinweise: Das leere Ich neigt zur Aggressivität.

Um das aufzudecken, um das Ich selbst bloßzulegen und ihm seine eigenen illusionären Verschleierungen in Spiel und Konsum zu entziehen, muß Schnitzler also seine Untersuchungsbedingungen verschärfen. In der Begegnung Gustls mit dem Bäckermeister in der Garderobe nach dem Konzert werden die Auswirkungen eines solchen Konsumentzuges beobachtbar. Gustl, der in und nach dem Konzert nach Frauen Ausschau gehalten hat, der die Enttäuschung über das unverstandene Konzert wenigstens noch mit einem erotischen Vergnügen kompensieren will, findet niemanden, bzw. muß mit ansehen, wie ein Mädchen, auf das er ein Auge geworfen hatte, von einem anderen Mann abgeholt wird. Das macht ihn aggressiv. In verschiedenen Gedanken blitzt diese Aggressivität auf, bis sie sich im Gedränge der Garderobe gegenüber einem Bäckermeister auch verbal Luft macht. Doch dieser nennt ihn einen „dummen Buben" (S. 343) und greift nach Gustls Säbel, weil er dessen aggressive Reaktionsweise schon ahnt. Gustl fühlt sich beleidigt und steht nun in einem das Experiment entscheidend vertiefenden Dilemma. Der Bäckermeister ist nicht satisfaktionsfähig! Wie kann er seine Ehre, die Unbeflecktheit seiner Ichvorstellung, wiedergewinnen? Ja, das Problem ist noch größer. Die eben erfahrene Beleidigung macht auch ihn selbst für das schon bevorstehende Duell satisfaktionsunfähig und schneidet ihm die Möglichkeit ab, sich selbst in diesem Duell mit einem Juristen zu bewahren, der die militärische Laufbahn als Produkt des Scheitern eines bürgerlichen Lebensweges ansieht. Aber die behutsame Art des Bäckermeisters hat verhindert, daß die Umstehenden etwas gemerkt haben. Die Beleidigung ist also nicht öffentlich geworden. Kann Gustl sie daher einfach als ungeschehen betrachten? Für ihn ergibt sich daraus eine ausweglose Situation, denn von sich selbst her findet er zu keiner Problemlösung.

Damit wird der Konflikt aus der Gesellschaft in die eigene Existenz transponiert. Seine Alternative lautet jetzt: Flucht nach Amerika oder Selbstmord. Diese Lösungsmöglichkeiten stammen aber nicht aus einem souveränen Ich, sondern sind abgeleitet aus der Standesnorm des militärischen Ehrenkodex. Von ihm her bezieht Gustl allein seine Handlungsmuster. Aber gerade die Stabilisierung seines Ichbewußtseins über diesen Ehrenkodex im Duell ist ihm hier versagt. Was in dieser Konstellation Gustl in der Nacht nach der „Beleidigung" durch den Kopf geht, entfaltet und vertieft das oben skizzierte Bild eines „impressionistischen" Menschen. An diesen Inhalten macht sich immer wieder die soziologische Einbettung Schnitzlers in die Wiener Welt der Jahrhundertwende fest. In einem gleichsam statischen Erzählen, das richtungslos von einem Gedanken zum anderen schwankt, wird die Auswegslosigkeit voll erfahr- und – es handelt sich ja um ein Experiment – beobachtbar gemacht. Als Ergebnis dieser Beobachtungen läßt sich feststellen, daß Gustl gleichsam aus zwei Quellen bestimmt wird. Aus seiner Triebstruktur, die nur auf Lustgewinn aus ist, und eben aus den äußerlichen Standesnormen des Militärs. Mit psychoanalytischen Worten gesprochen beherrschen Gustl Es und Über-Ich. Ichhaftigkeit und Personalität fehlen ihm. Hilflos, ohne eigene Konsistenz läßt er sich von den wechselnden Gedanken treiben. Er ist weder zu Erkenntnissen fähig, noch gar unter dem Todesaspekt bereit, etwa sein Leben zu bilanzieren. Im Grunde hat er nie ein eigenes geführt. Was ihm das Leben dennoch ermöglichte, waren die festen, abstrakten Normen seines Standes, eben vor allem der strenge Ehrenkodex. Von außen also – so zeigt das Experiment – ist er bestimmt, fremde Vorstellungen prägen ihn und machen ihn so trotz seiner konsumhaften Egozentrik zu einer gesellschaftlichen Funktion, deren Zusammenleben mit anderen so lange funktioniert, wie es keinen experimentell-existentiellen Bruch gibt. Daß darüber hinaus noch aufgewiesen wird, wie obsolet die bestimmenden Normen auch an sich selbst sind, kann hier nur kurz angemerkt werden.

Schnitzler löst den Fall nicht aus sich selbst, was auch gar nicht ginge, gehörte dazu doch ein verantwortliches Ich, das die Kraft hat, sich etwa über die Ehrennorm einfach hinwegzusetzen auch bei gesellschaftlichen Konsequenzen, sondern von außen, als Experimentator. Er läßt den Bäckermeister in der Nacht am Schlaganfall sterben. Damit ist Gustl sein Problem los, aber er ist es los, ganz im Rahmen seiner gewohnten Lebensweise: durch Zufall. Er kommt aus der „Geschichte" heraus, wie er hineingelangt ist. Er bleibt unverändert, hat nichts gelernt und weiß nach wie vor nichts mit sich anzufangen. Militärischer Dienst, Frauen und das anstehende Duell mit neuer Aggressivität bestimmen ihn, d. h., die Ausgangssituation bestimmt auch das Ende. Die Geschichte beschreibt einen Zirkel:

> „Was mach' ich denn nur? . . . Was mach ich denn nur? . . . Es muß ja was gescheh'n, sonst trifft mich auch noch der Schlag vor lauter Freud'! . . . In einer Viertelstund' geh ich hinüber in die Kasern' und laß mich vom Johann kalt abreiben . . . um halb acht sind die Gewehrgriff', und um halb zehn ist Exerzieren. – Und der Steffi schreib' ich, sie muß sich für heut abend frei machen, und wenn's Graz gilt! Und nachmittag um vier . . . na wart', mein Lieber, wart', mein Lieber! Ich bin grad' gut aufgelegt . . . Dich hau' ich zu Krenfleisch!" (S. 366)

„Sterben"

Die dritte Geschichte, die wir heranziehen wollen, um Schnitzlers Frage nach dem Ich, dem Person- und Selbstsein zu verfolgen, ist die früheste. „Sterben" entstand 1892 und erschien zwei Jahre später in der Neuen Deutschen Rundschau. Natürlich könnte man sie nur als eine minutiöse

9(¼) Geißler, Kanon (73115)

naturalistisch-impressionistische Studie über das Sterben lesen, als das Psychogramm zweier Liebenden angesichts des Todes des einen von beiden. Bedeutungslosigkeit würde sichtbar und die banale Weisheit, daß das Leben weitergeht. Natürlich ist eine so „alltägliche Geschichte", eine Geschichte, in der die Alltäglichkeit triumphiert, auch Thema dieser Erzählung. Aber als Experiment zeigt sie mehr, sie versucht freizulegen, warum das alles so ist.

Und nicht von ungefähr bedroht der Tod einen „jugendlichen Liebhaber", bedroht eine sich entfaltende, kraftvolle Liebe, eine Lebensphase, in der Sterben schon etwas Außergewöhnliches ist. Das Experiment zielt also ganz auf eine existentielle Problematik. Wie verhalten sich zwei junge Liebende, wenn der eine davon, der Mann, nur noch ein Jahr zu leben hat. Das ist die experimentelle Konstellation. Die Problematik hat sich gegenüber „Leutnant Gustl" wesentlich verschärft, handelt es sich doch nicht um spielerische Todesgedanken eines Beziehungslosen, die aus obsoleter Norm sich aufdrängen, sondern um den unentrinnbaren Tod eines in intensiver Liebesbeziehung stehenden Mannes durch eine unheilbare Krankheit. Und da die existentiellen Bedingungen so hart und klar gestellt sind, können hier alle konkreten sozialen Bezüge, wie sie im „Leutnant Gustl" bestimmend waren, wegfallen. Weder erfahren wir den Beruf des Mannes Felix, noch wovon er lebt, noch genau seine Krankheit. Man ahnt, daß er Schriftsteller ist und an Schwindsucht leidet, aber seine und seiner Freundin Lebensbedingungen bleiben im Dunkeln.

Nun ist Felix ein Liebender und in dieser Liebe ganz auf Marie bezogen. Beide sind, so scheint es, was sie sind, durch ihre Liebe. Ihre Namen könnten sprechende sein. Die Liebe versichert sie gegenseitig ihres Ichs. Interdependenz scheint ihr Leben zu bestimmen. Die experimentelle Konstellation der Todesfrist von einem Jahr kappt nun diesen Zusammenhang, so wie er darüber hinaus jeden sozialen Bezug als unwichtig und daher überflüssig erscheinen läßt. Jeder der beiden muß sich unter dem Verdikt des Todes auf sich selbst zurückgeworfen fühlen, und der Experimentator kann beobachten, wie sich der einzelne unter solchen Bedingungen verhält. Dies ist das zentrale Thema. Es läßt zudem Rückschlüsse zu auf die Ich-Struktur der Menschen der Jahrhundertwende. Jedenfalls wäre das die Aufgabe einer geschichtlichen Interpretation.

Die starken impressionistischen Passagen, mit denen auch diese Erzählung durchsetzt ist, zeigen den Augenblickscharakter der Gegenwart. Aber es ist nun gerade von Bedeutung, daß die Zuständlichkeit additiv gefügter Eindrücke durch ein Faktum aufgebrochen wird, das jenseits aller Eindrücke Wirklichkeit bezeichnet: den Tod. Die rein sinnliche Welterfahrung sieht sich plötzlich unter die Perspektive eines abstrakten Gedankens gestellt. Die Reaktion beider ist zunächst merkwürdigerweise nicht verzweifelt, sondern eher moderat. In der Welt der Eindrücke wird etwas sichtbar wie die gedankliche Annahme des Wirklichen, allerdings in seiner alltäglichsten Gestalt. Leben ist Alltäglichkeit, und in dieser Alltäglichkeit wird es für Marie weitergehen. Aber gerade unter der Erkenntnis der alltäglich-impressionistischen Welterfahrung bäumen sich dann beide auf und stilisieren ihre Haltung nach einem pathetisch-heroischen Normenklischee. Er will sie freigeben, da er sie doch nicht ehelichen kann, und sie will mit ihm sterben, in treuer Verbundenheit bis in den Tod. Wie ein Ritual zur Selbstbekräftigung wiederholt Marie im ersten Teil der Erzählung diese Bereitschaft zum Mit-Tod. Aber Felix wehrt diesen Gedanken immer wieder ab. Schließlich hofft man, daß sich alles nur als böser Traum herausstelle.

Wie bei Dionysia die Schauplätze und sozialen Begegnungen so wechseln im Verlauf der Erzählung die seelischen Zustände der beiden Liebenden. Mit der erlebten Rede und der fast durchgängigen Figurenperspektive versucht Schnitzler die Innenseite seiner Figuren und ihr Weltverhalten aufzuzeichnen. Gemeinsamer Grundzug ist immer wieder die augenblicksbezogene Stimmungshaftigkeit. Im Grunde sind sie bei allen Impressionen nur bei sich selbst als dem Sammelpunkt dieser Eindrücke. Vor allem kommen sie nicht innerlich zueinander, vielmehr driften sie voneinander weg. Sie reagieren nur, fliehen die Orte und die Wahrheit und kehren doch in einer im ganzen zirkulären Bewegung immer wieder zu den Ausgangspunkten zurück.

In vielen Etappen, die hier nicht nachgezeichnet werden können, vollzieht sich der Wechsel der Auffassungen und schließlich das Auseinanderleben. Äußerlich zeigt sich das daran, daß die Dialogteile zwischen beiden immer weiter zurückgehen. Der Bezug zum anderen, der sich bei Liebenden gleichsam von selbst verstehen müßte, wird immermehr ein Problem des eigenen Selbst und muß in der eigenen Seele reflektiert werden. Auf sich allein verwiesen, produziert die seelische Bewegung eine gewisse Dialektik und bringt – ohne es zu wollen – immermehr gegensätzliche Gefühle, Verstimmungen und Ansichten hervor. So schwankt Felix zwischen der ruhigen An- und Hinnahme des Todes und einem Sich-klammern an das Leben. Liebende Gefühlsausbrüche wechseln mit verhaltenem Mißtrauen, Todesängste gehen in unbegründete Hoffnungen über und umgekehrt.

Diese wechselhaften Gefühlslagen sind in dieser extremen Ausprägung nur verstehbar, wenn man den Personen jede eigene Konsistenz und damit eben ihr Personsein abspricht. Innerlich leer und von der Wirklichkeit entfremdet bestimmen weder Verantwortung und Erkenntnis ihr Sein, noch wirklich schenkende Liebe, die gerade im transzendierenden Verstehen des anderen bestünde. Vielmehr erweisen sich beide als substanzlos und fallen immer mehr auf sich selbst zurück, dieses ihr „Selbst“ ab-

grenzend und krampfhaft sichernd. Je leerer das Ich desto größerer Sicherungen bedarf es, um das Leben zu bestehen. Und es gehört zu den Experimentbedingungen hinzu, daß Schnitzler uns die Fragwürdigkeit des modernen Menschen der Jahrhundertwende gerade an zwei Liebenden zeigt, deren Herzen doch füreinander voll sein sollten. Und so läßt er uns an der Liebesfähigkeit dieses modernen Menschen auch generell zweifeln.
Felix und Marie werden sich fremd. Sie belauern sich gegenseitig und sind voll Mißtrauen. Was sie einander ertragen läßt, sind bürgerliche Konventionen. Als Marie den schlafenden Kranken einmal verlassen hat, empfindet sie mit Wohlbehagen die Stadt, die Männer, die sich nach ihr umdrehen, das Leben. Ihr Mitleid wird heuchlerisch und zum Schluß wünscht sie Felix den baldigen Tod. Vom Mit-Sterben ist von ihrer Seite nicht mehr die Rede.

Aber auch Felix hat sich weit von seiner heldischen Attitüde des Anfangs entfernt. Auch er ist nicht mehr bereit, sie freizugeben, so daß beide sich in verdrehten Konstellationen wiederfinden. Das was einer dem anderen gewähren wollte, enthüllt sich als unwahr und unwirklich und ist jeweils im Bewahrenwollen des eigenen leeren Ichs, in bloßer Selbsterhaltung, verkommen. Aber gerade nun fordern sie ihre früheren Versprechen gegenseitig ein. Marie möchte frei sein, und Felix wünscht sich den gemeinsamen Tod. Und je stärker die Wirklichkeit ihre Schatten wirft, desto aggressiver äußern sich die Wünsche, bis Felix nahezu einen Mordplan hegt und Marie vor lauter Angst und Mißtrauen einen Giftanschlag befürchtet. Diese Entwicklung gipfelt in der Todesstunde, in der Felix versucht Marie zu erwürgen, während sie zu dem herbeigerufenen Arzt und Freund flieht.

Wieder läßt sich erkennen, daß das leere, substanzlose Ich, dieses rein formale Subjektsein für mögliche Eindrücke im Grunde sich nur als ein Selbst erfahren kann, wenn es aggressiv wird. Es hat nur die eigene Bestätigung im Haben, im Besitz. Da es nichts von sich aus ist, muß es sich in einer Raff- und Gierstruktur immer wieder neu bestätigen und beweisen. Bestimmungsmomente dieses leeren Subjektseins sind Konventionen und Normen, aber vor allem Konsum und Besitz. Besitzgier auf der Seite Felix', Besitzgier auf der Seite Maries, das ist in aller experimentellen Schonungslosigkeit das einzige, was bleibt. Das solchermaßen bloßgelegte und analysierte Ich zeigt sich unfähig zu wirklichem Handeln, zur Kommunikation, zur Erkenntnis- und Identitätsfindung. Es erweist sich gerade in der Todessituation ohne Vergangenheit und Zukunft und als nur gegenwärtig, und das heißt als bloße und daher wechselnd bestimmbare Unterlage (und nichts anderes heißt ja subiectum) für mögliche Eindrücke.

Die Reduktion des Menschen und der Imperialismus

Die Schnitzlerschen Experimente haben vernichtende Einsichten gezeitigt. Der Mensch ist dem Wechselspiel der Situationen, der gesellschaftlichen Zustände und seinen Stimmungen ausgeliefert. Ein Ich mit gewisser Konsistenz gibt es nicht, so den Mach'schen Empiriokritizismus bestätigend. Was in der „Hirtenflöte" allgemein forumliert, im „Leutnant Gustl" im sozialgeschichtlichen Kontext kritisiert und im „Sterben" existentiell erkannt wurde, läßt keinen anderen Schluß zu. Aber zweierlei ist dabei zu bedenken. Einmal wird in dieser Menschenanalyse nicht der Mensch sozusagen im allgemeinen, seinem unveränderlichen Wesen nach, sondern als geschichtliches Wesen zu einer bestimmten Zeit, nämlich der Jahrhundertwende, erkannt. Zum anderen ist zu fragen, ob diese Erkenntnisse nicht selbst mitbestimmt sind von den Untersuchungsmethoden und Frageansätzen her, die Schnitzler hier anwendet.[27] Muß bei einem Experiment, das nach dem Ich wie nach einem objektiv gegebenen Gegenstand, wie nach einem neuen chemischen Element fragt, nicht zwangsläufig herauskommen, daß eben dieses menschliche Ich, dieses Selbst- und Personsein nicht in der Weise des objektiv Gegebenen ist? Ist nicht diese einengende Blickweise auf die Positivität des Ichs die falsche Frageweise, und enthüllt sie sich so nicht ebenfalls als eine geschichtlich bedingte?

Schnitzler gibt hierauf selbst einige Hinweise. Kehrt man nämlich die Reihenfolge unserer drei Texte um und folgt nicht den Bohrungen der Experimentalerkenntnisse, sondern der Entstehung und Entwicklung des fragenden Gedankens selbst, dann zeigt sich, daß über die existentielle und soziale Analyse zur traumhaft-allgemeinen bei Schnitzler gerade in dieser letzten ein Hinweis auf eine andere Seinsweise des Ichs gegeben wird, welche sich aber in der geschichtlichen Alltäglichkeit und Konkretion nicht verwirklicht. Das Ich ist als Gegenstand gar nicht vor- und auffindbar, sondern es realisiert sich in mitmenschlicher Praxis und ist offenbar kein experimenteller Beobachtungsgegenstand und d. h. auch letztlich von der Theorie her nicht zureichend faßbar. Dionysia formuliert es exakt in der Abwendung der theoretisch-experimentellen Position des Erasmus am Ende der „Hirtenflöte":

> „Du ein Weiser? Und hast nicht erkannt, daß jedem menschlichen Dasein nur ein schmaler Strich gegönnt ist, sein Wesen zu verstehen und zu erfüllen? Dort, wo das einzige, mit ihm einmal geborene und niemals wiederkehrende Rätsel seines Wesens im gleichen Bett mit den hohen Gesetzen göttlicher und menschlicher Ordnung

27 Hier wird sichtbar, wie Schnitzler zugleich zeitverhaftet und zeitkritisch ist. Die Diagnose schafft die Distanz, transzendiert das Bestimmungsgefüge, ohne es aber schon zu überwinden.

10(½) Geißler, Kanon (73115)

läuft? Ein Liebender du? Und bist nicht selbst an jenem fernen Morgen ins Tal hinabgestiegen, eine Flöte zerbrechen, deren Töne der Geliebten Verführung drohen? Dein Herz war müd, Erasmus, darum ließest du mich scheiden, ohne einen Kampf aufzunehmen, der damals noch nicht verloren war; und dein Geist war erwürgt im kalten Krallengriff von Worten, darum vermeintest du des Lebens ungeheuere Fülle, das Hin- und Widerspiel von Millionen Kräften im hohlen Spiegel einer Formel einzufangen." (S. 40)

Versucht man diesen Schnitzlerschen Befund des leeren, ich-losen Subjekts, das sich selbst nur erfährt, indem es sich durch Besitz und Habenwollen permanent bestätigt, in seiner geschichtlichen Korrespondenz zu denken, hält man Ausschau nach strukturhomologen Erscheinungen der Jahrhundertwende, ist die Verbindung zum imperialistischen Denken nicht schwer herzustellen. Man könnte die Erkenntnisse Schnitzlers als individualpsychologische Komponente eines auch sozialpsychologischen Tatbestandes begreifen. Und so läge Schnitzlers Erkenntnisleistung nicht nur in der inhaltssoziologischen Verarbeitung von Zeitphänomenen, so ergiebig deren Analyse im Schnitzlerschen Werk auch immer wieder ist, sondern in der Aufdeckung eines entscheidenden psychopathischen Grundzuges der Epoche selbst.

Denn ein wesentlicher Zug am Imperialismus ist die aggressive Besitz- und Habenstruktur, die Gier und das An-sich-Raffen, und zwar zum Zwecke der Selbstbestätigung. Auch dem Imperialismus liegt offenbar eine Leere zugrunde, die das politische Vorgehen aggressiv macht und nur formal und nicht qualitativ bestimmt. Für den Imperialismus könnte man die substantielle Entleerung des im frühen 19. Jahrhundert so tragfähigen Begriffs der Nation annehmen, dessen einheitstiftende, sprachlich-kulturelle Vorstellungsinhalte sich in einer differenziert-expandierenden und nicht mehr hierarchisch geeinten Massengesellschaft zu Nationalismus und Chauvinismus verflüchtigen. Übrig bleibt in diesen verkrüppelten Derivaten nur der formale Einheitswille mit ausgeprägtem Besitz-, Herrschafts- und Beherrschungsstrukturen.

Der Literaturwissenschaftler hat es mit solchen Bezügen vergleichsweise einfacher als der Historiker, kann er sich doch damit begnügen, solche Strukturhomologien aufzuweisen und braucht nicht unbedingt auch Ursachenforschung zu betreiben. Aber auch die Imperialismustheoretiker, die die Ursachen für ihren Gegenstand untersuchen, zeigen immer wieder die oben skizzierten Strukturen auf.

In allen Theorien ist nämlich das psychologisch-ideologische Moment als bestimmende Größe mitgedacht. Ob es das Prestige der Krone im imperialistischen Konzept Disraelis ist oder die nationalistische Idee – die politisch-materielle Expansion, auf die jeder Imperialismus hinausläuft, bedarf der emotionalen Umsetzung im sozialpsychologischen Umfeld.

Diese Doppelung der Motivierung hält sich durch. Ob nun Hobson[28] in seiner Imperialismustheorie den Kapitalexport bei übersättigten Binnenmärkten als Ausgangspunkt nimmt, der in der Folge formal, nämlich über Rüstung und Verwaltung gesichert werden muß, obwohl die Handelserträge in keinem angemessenen Verhältnis zum Aufwand stehen, der Imperialismus also ökonomisch sinnlos ist, oder ob man mit Schumpeter[29] das Prestigedenken der herrschenden Schichten und ihrem politischen Herrschaftswillen als Ausgangspunkt nimmt, immer bleibt die Doppelstruktur des Imperialismus erkennbar. Diese Doppelstruktur, die auseinanderklaffenden Momente wie Ehre und Wirtschaft, nationalistische Ideologie und Kapitalexport verbindet, aber deren Unvereinbarkeiten und Widersprüche nicht zu lösen vermag, macht einen wesentlichen Zug der Inhumanität des Imperialismus aus. Beide Seiten dieser Doppelstruktur sind nicht durch die Sache miteinander vermittelt, sondern gehen eine politische Zwangskoppelung ein, die auf jeder Seite zu Formalismen führt. Das strategische Denken im Imperialismus überwiegt das sachliche und sachangemessene. Hobson und später auch Wehler[30] haben den ökonomischen Widerspruch im Imperialismus selbst herausgearbeitet. Der Formalismus einer nationalen Ehre, eines Prestigedenkens liegen auf der Hand.

In Schumpeters Formulierung „Imperialismus ist die objektlose (!) Disposition eines Staates zu gewaltsamer Expansion ohne angebbare Grenzen“[31] wird die Strukturhomologie für die Schnitzlerschen Figuren besonders einleuchtend. In all diesen Beschreibungsversuchen wird der Imperialismus nicht als Ausdruck substantieller und qualitativer Machtfülle gesehen, die in solider Selbstgewißheit sich auch politisch darstellt und so auf politische Aggressivität verzichten kann, sondern es erscheint ein verkrampfter Zug, der die formalistischen Strukturen nach innen und außen zur Durchsetzung und Aufrechterhaltung der Herrschaft benötigt. Militarismus und obrigkeitsstaatliche Strukturen sind in Deutschland neben expansiver Wirtschafts- und Kolonialpolitik Kennzeichen dieses Vorgangs. Gerade dieser formalistische und verkrampfte Zug läßt sich nur aus dem mangelnden (nationalen) Selbstbewußtsein erklären, aus der Einsicht, daß Herrschaftsformen und gesellschaftliche Entwicklungen auseinanderdriften. Gerade dort, wo die Normen nicht mehr mit der gesellschaft-

---

28 John Atkinson Hobson: Imperialism. A Study. London 1903.

29 Joseph Schumpeter: Zur Soziologie der Imperialismen, in: Archiv für Sozialwissenschaft und Sozialpolitik, 46, 1918/19.

30 Hans-Ulrich Wehler: Bismarck und der Imperialismus, Köln 1969, u. in späteren Publikationen.

31 Schumpeter – zitiert nach: Wolfgang J. Mommsen: Imperialismustheorien, Göttingen 1977, S. 21.

lichen Lebensauffassung übereinstimmen, bekommen sie ja ihren rigiden und formalen Charakter – man braucht dabei nur an die Ehrproblematik im „Leutnant Gustl" zu denken.

Auch in der marxistischen Imperialismustheorie etwa bei Rosa Luxemburg[32] taucht dieser formalistische Herrschaftsaspekt auf als Instrument, die bestehende Klassensituation „gegen den Zeitgeist" aufrechtzuerhalten. Für sie ist die Machtentfaltung nach außen vor allem ein Mittel zur Unterdrückung im inneren. Und Rudolf Hilferding, der in seinem „Finanzkapital" von 1910[33] den Imperialismus streng aus der Eigenentwicklung des Kapitalismus zu erklären versucht, zeigt ebenfalls die formalistischen Strukturen auf. Monopole, Trusts, Konzerne, Kartelle, alle diese Großformen kapitalistischer Industrieentwicklung bilden für ihn die ökonomische Voraussetzung für das expansive Wirken politischer Machtstrukturen, weil sie nicht mehr an Produkten, sondern an Marktbeherrschung orientiert sind. „Das Finanzkapital will nicht Freiheit, sondern Herrschaft; es hat keinen Sinn für die Selbständigkeit des Einzelkapitalisten, sondern verlangt seine Bindung; es verabscheut die Anarchie der Konkurrenz und will die Organisation . . .",[34] kurz, es unterwirft die Sachorientierung strategischen und d. h. formalen Normen.

Versucht man aus diesen Ansätzen das Gemeinsame herauszufinden, was als Grundlage die sozialpsychologische Wirklichkeit der Jahrhundertwende bestimmt hat, so läßt sich folgendes sagen: Der Mensch erfuhr in bis dahin unbekanntem Maße eine Expansion seiner Welt. Nicht nur die heimatlichen Strukturen seines Dorfes änderten sich, nicht nur Bevölkerungsverschiebungen, Städtewachstum, verkehrsmäßige Weiträumigkeit taten sich auf, sondern auch die Organisationsstrukturen dieser neuen Welt gingen ins Überdimensionale, ins Unanschauliche, ins Abstrakte. Ob es die monopolistische Großindustrie ist oder das unsichtbare Finanzkapital oder die anonyme staatliche Bürokratie, überall entschwindet dem Menschen der Durch- und Überblick. Die Expansion der Welt ist nicht nur ein territoriales Moment (Kolonien), sondern betrifft ebenso, wenn nicht stärker, die Innenwelt des Menschen. Was sich da ökonomisch und politisch abspielt, ist nicht mehr zu erfahren, was immer auch heißt, daß es durch Um- und Bearbeitung dem eigenen Bewußtsein eingeschmolzen wird, sondern nur noch zu erleiden. Die Welt ist nicht mehr auf den einzelnen Menschen und seine Fähigkeiten der Aneignung bezogen, sondern sie wird abstrakt und im wirklichen Sinne unmenschlich. Sie stellt sich nicht mehr als Umwelt des Menschen dar, sondern als eine Gegenwelt, die mit dem

32 Rosa Luxemburg: Die Akkumulation des Kapitals, Berlin 1913.

33 Rudolf Hilferding: Das Finanzkapital, Wien 1910.

34 Hilferding – zitiert nach Momssen (Anm. 13), S. 32.

wissenschaftlichen Begriff der Objektivität zu fassen ist. Und sie produziert Tatbestände, die nicht mehr einsehbar und nachvollziehbar, sondern nur noch hinnehmbar sind.

Und von hier aus läßt sich die Verbindung zum entleerten, nur noch registrierenden ichlosen Subjekt, zu dem der Mensch bei Schnitzler geworden ist, ziehen. Je objektiver die Welt wird, je weniger sie in mitgestaltende Praxis von den sie lebenden Menschen selbst durchdrungen wird, desto ichloser wird der Mensch. Ihm bleibt nur das Sich-unterwerfen unter die objektiven Sachzwänge. Als ein solcher „Untertan" ist er ein bloß formales – wenn man so will – nur statistisches Subjekt, das nun seinerseits die formalistischen Erstarrungen weiter betreibt, etwa wenn er die Ehre als Element feudalistischen Tugendsystems von ihren gesellschaftlichen Bindungen isoliert, sie also aus den praktischen Bezügen reißt und gleichsam als Gegebenes positiviert. Erstarrung der Welt unter dem Objektivitätsideal und Ich-Leere gehören zusammen und machen die moderne Welt und deren Aggressivitätspotential aus. Ihre inhumanen Strukturen werden gebildet von einem bestimmten, auf Theoriebildung hin angelegten Wissenschaftsideal, das auch im Humanbereich objektive Erforschung durch wissenschaftliches Experiment protegiert (etwa Erasmus in der „Hirtenflöte"), von einem obsoleten Tugendbegriff, der wie die Ehre nur in einer lebens- und praxisfernen formalistischen Machtorganisation, wie sie das Militär darstellt, (im „Leutnant Gustl") und im rigorosen Ansich-Reißen und Besitzenwollen zum Zwecke der Selbstbestätigung (im „Sterben"). Wie wenig wir diese Welt überwunden haben und aus diesen Denk- und Verhaltensstrukturen ausgebrochen sind, ist offenkundig. Das macht den Diagnostiker Schnitzler nach wie vor zu einem zentralen Autor zeitgenössischer Bedeutung.